D1865908

Komma-Lexikon

humboldt
Ratgeber

Beim Sprechen kann man den Sinn eines Satzes durch Heben und Senken seiner Stimme, durch Betonung und Rhythmus ausdrücken. Beim Schreiben braucht man Hilfsmittel: die Satzzeichen.
Hier sehen Sie alle vorkommenden Satzzeichen in buntem Durcheinander. Wie, wann und wo sie richtig angewendet werden – das erfahren Sie durch die Beispielsätze und allgemeinen Richtlinien dieses Buches.

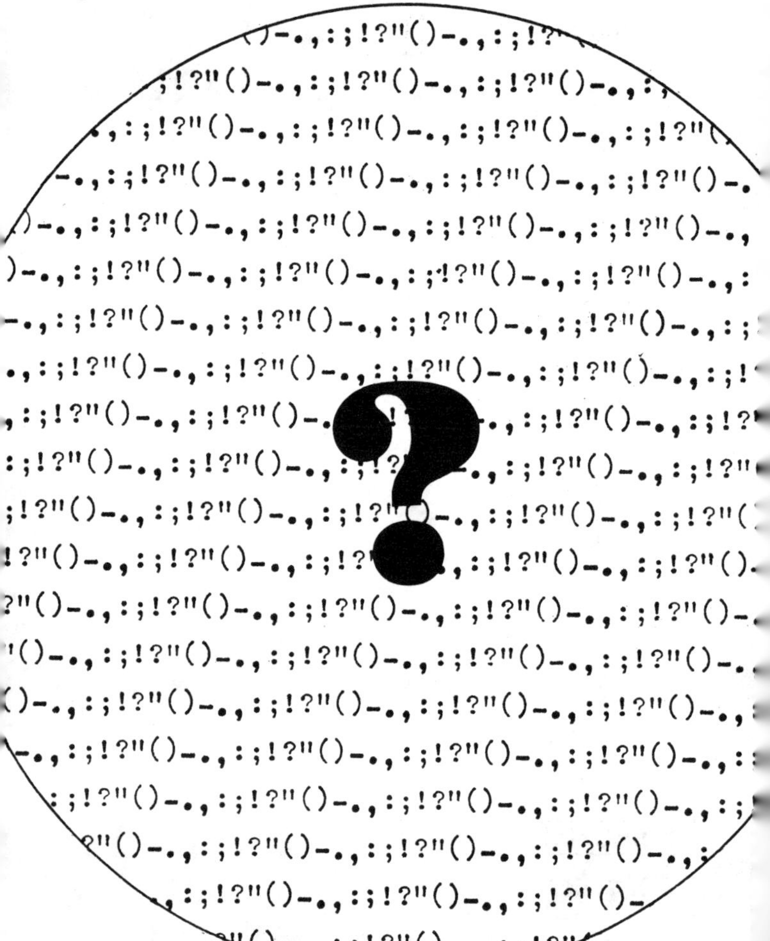

Komma-Lexikon

Nachschlagewerk zur Zeichensetzung

Herausgegeben von
Theofried Kratschmer und Albrecht Schmidt

humboldt

humboldt-taschenbuch 259
Umschlag: Christa Manner

Druck: Presse-Druck Augsburg
Printed in Germany
ISBN 3-581-66259-0

Inhaltsverzeichnis

Zum Gebrauch des Komma-Lexikons

Der erste Teil des Buches enthält nach Stichworten geordnete Musterbeispiele. Dadurch können Sie sich schnell informieren, ob eine bestimmte Wortgruppe durch ein Komma getrennt werden muß oder nicht. Unter dem Stichwort ist ein ähnlich aufgebauter Satz, nach dem Sie sich richten können, schnell gefunden. Dagegen ist es oft sehr schwer, Wortgruppen in eine der zahlreichen Regeln einzuordnen und dabei keine Ausnahme zu übersehen. Gehen Sie am besten so vor:

1. Stichwort feststellen

Man will feststellen, ob im nachstehenden Satz ein Komma steht oder nicht:

„Ich werde versuchen (?) mich zu beeilen."

Das Stichwort ist immer dasjenige Wort, das *hinter* dem in Frage gestellten Komma steht. Das passende Musterbeispiel findet man also unter dem Stichwort „mich". Dieses Wort sucht man im Stichwortregister; dort wird man auf die entsprechende Seite oder auf ein Wort der gleichen Gruppe (Leitstichwort) verwiesen. Bei dem Stichwort „mich" ist das die Seite 60.

Das Stichwortregister befindet sich auf den letzten Seiten des Buches.

Aus den Beispielsätzen wird der Satz ausgesucht, der dem gewünschten nahekommt. Auf Seite 60 findet man zum Beispiel:

30 Sie hatten vor, sich zu ergeben.

Damit ist die Frage beantwortet, das Komma ist auch vor „mich" zu setzen.

Die Zahl „30" verweist auf die Regel im *zweiten Teil* des Buches. Unter dem Paragraphen 30 (auf Seite 130) ist die Regel erläutert, daneben (auf Seite 131) stehen weitere Beispielsätze.

Wichtig: Stichwörter mit gleicher Regelanwendung sind immer nur durch ein *Leit-Stichwort* vertreten, auf das im Stichwortregister verwiesen wird. Es ist deshalb empfehlenswert, grundsätzlich nach dem Stichwortregister vorzugehen.

2. Im Stichwortregister das Leit-Stichwort suchen

3. Leit-Stichwort aufschlagen

Aus den Beispielsätzen den Satz heraussuchen, der dem Satz entspricht, über den Sie sich informieren wollen.

Die Beispielsätze sind in folgende Abschnitte unterteilt:

Als Stichwörter sind vor allem Bindewörter, daneben auch Umstandswörter, Verhältniswörter, Fürwörter und Artikel verwendet worden, weil Fügungen mit diesen Wortarten die meisten Fehlerquellen enthalten. Die wichtigsten Wörter (und, als usw.) sind besonders herausgezogen worden. Wortarten mit geringeren Fehlerquellen sind nur mit ihrer Gattungsbezeichnung im Stichwortregister enthalten; die einzelnen Wörter sind also nicht vertreten. Es handelt sich dabei um folgende Wortarten:

Eigenschaftswörter (Adjektive), z. B.:
schön, schöner, am schönsten usw.

Hauptwörter (Substantive), z. B.: Meister, Haus, Freude usw.

Zahlwörter (Numerale), z. B.: zehn, dreißig usw.

Zeitwörter (Verben), z. B.: trinken, schlafen, fahren usw.

Linke Seite		Rechte Seite
1	Das Komma bei ganzen Sätzen: Hauptsätze, Nebensätze (Gliedsätze)	Ausnahmen zu 1 Beispiel ohne Komma
2	Das Komma bei der Aufzählung: aufgezählte Satzteile, Bindewörter	Ausnahmen zu 2 Beispiele ohne Komma
3	Das Komma bei verkürzten Nebensätzen	Ausnahmen zu 3 Beispiele ohne Komma
4	Das Komma bei Einschüben und Zusätzen	Ausnahmen zu 4 Beispiele ohne Komma
4a	Das Komma *hinter* Einschüben und eingeschobenen Sätzen	Beispiele ohne Komma

Nicht bei jedem Stichwort sind diese Abschnitte vollständig vorhanden. Manchmal lassen sich keine Aufzählungen bilden, manchmal keine verkürzten Nebensätze oder Einschübe. Dann entfallen diese Abschnitte. Bleibt nur ein einziger Abschnitt übrig, ist die Nummer (1, 2, 3, 4 oder 4a) weggelassen.

Grundsätzlich können Sie davon ausgehen:

Ein Komma kann nur dann stehen, wenn sich Ihr Satz auf der *linken* Seite einordnen läßt. Wenn Sie aber auf der linken Seite kein passendes Beispiel finden und wenn sich Ihr Satz auch nicht einordnen läßt, steht kein Komma! Die Beispiele auf der *rechten* Seite stehen immer ohne Komma.

Was bedeutet ...

... die Zahl neben dem Beispielsatz?
Sie weist auf die entsprechende Kommaregel im zweiten Teil hin.
Z. B.: 56 Er fährt sicher, *aber* langsam.
Unter dem Paragraphen 56 ist die Regel erläutert, daneben stehen weitere Beispiele.

... es, wenn zwei oder mehr Zahlen dastehen? (z. B. Seite 48)
58/16 = zwei ähnliche Regeln können angewendet werden.
16, 15 = verschiedene Regeln kommen hintereinander zur Anwendung.

... das Sternchen hinter dieser Zahl, z. B. 95*? (vergl. S. 62 u. 63 Leit-Stichwort: Name, Adresse, Datum)
Diesen Satz finden Sie auf der linken Seite mit Komma und auf der rechten Seite ohne Komma. Das Komma ist also freigestellt.

... das eingeklammerte Komma (,)?
Es bleibt dem Schreibenden überlassen, ein Komma zu setzen oder nicht. Sie sollten es nur dann setzen, wenn Sie eine ausdrückliche Betonung oder Unterbrechung der Rede wünschen.

Der zweite Teil des Buches bringt in systematischer Gliederung sämtliche Satzzeichenregeln. Auf der linken Seite steht immer die Formulierung der Regel, rechts daneben die dazugehörigen Beispielsätze.

Grammatische Erklärungen

Einzelne Kapitel der Kommaregeln wurden zum besseren Verständnis mit grammatischen Erklärungen eingeleitet.

Kommas oder Kommata?

Das Wort *Komma* hat zwei korrekte Mehrzahlformen: *Kommas* und *Kommata*. In diesem Buch wurde nur die Mehrzahlform *Kommas* verwendet. Auf die Bezeichnung *Beistrich* statt *Komma* ist ebenfalls verzichtet worden, weil die Bezeichnung *Komma* in der Gebrauchssprache vorherrscht.

Übrige Satzzeichen

Die Regeln der übrigen Satzzeichen (Punkt, Doppelpunkt, Semikolon, Ausrufezeichen, Fragezeichen, Gedankenstrich, Anführungszeichen, Klammern) sind nicht im lexikalen Teil des Buches, sondern nur im Regelteil, dem zweiten Teil, enthalten.

Duden (Rechtschreibung)

Als Grundlage für den Regelteil dienten die im „Duden (Rechtschreibung)“ niedergelegten Zeichensetzungsregeln. Der gesamte Inhalt des Lexikons wurde von der Dudenredaktion auf seine Richtigkeit hin überprüft.

Erster Teil

Beispielsätze

nach Stichworten geordnet

ab

1 8 Er sagte, ***ab*** morgen könne er fahren.
8 Er nahm an, ***ab*** heute würde der Zug täglich fahren.

---

2 63 Nicht ***ab*** Ulm, ***ab*** München fährt der Zug nach Garmisch.
65 Er fuhr meistens mit dem Bus, ***ab*** und zu auch mit der Bahn in die Stadt.

---

3 29 Er hat die Erlaubnis, ***ab*** morgen zu fahren.
22 Der Zug fuhr, ***ab*** München schneller werdend, nach Süden.
22 Er mußte, ***ab*** heute krank geschrieben, zu Hause bleiben.
27 Er machte, ***ab*** heute fieberfrei, einen fast frischen Eindruck.
38* Er versucht, ***ab*** heute zu fahren.
39 Er versucht tatsächlich, ***ab*** heute zu fahren.
52* Er hat die Absicht, ***abzuwarten***, bis er sich meldet.
79* Wir fuhren zügig und ohne auf die anderen zu warten, ***ab*** München ein gutes Tempo.

---

4 88* Dieser Zug fährt, ***ab*** Mai auch sonntags, bis Garmisch.
86 Dieser Zug fährt ab 15., ***ab*** Sonntag also, bis Garmisch.
16 Er weiß nicht, ***ab*** wann.
87 Die meisten, ***ab*** 1. Mai sogar alle Züge nach Süden sind elektrifiziert.

4a 5 Wir hatten, das habe ich sehr bedauert, ***ab*** München Schnee.
30 Der Zug fährt, ohne zu halten, ***ab*** heute bis München.

aber

1 1 Ich habe auf ihn gewartet, ***aber*** er kam nicht.
1 Er rief laut, ***aber*** sie hörte ihn nicht.

---

2 56 Karin ist blond, ***aber*** ihre Schwester dunkelhaarig.
56 Er fuhr gut, ***aber*** sehr schnell.

ab

– Er will ***ab*** morgen wieder mit dem Zug fahren.
– Er darf ***ab*** und zu mit dem Auto fahren.

– Er fährt ***ab*** morgen ***ab*** München mit dem Zug.
– Er fuhr im Winter ***ab*** und zu auch mit der Bahn in die Stadt.

---

41 Er hat die Erlaubnis ***abzufahren***.
37 Er scheint ***ab*** heute zu fahren.

38* Er versucht ***ab*** heute zu fahren.

52* Er hat die Absicht ***abzuwarten***, bis er sich meldet.
79* Wir fuhren zügig und ohne auf die anderen zu warten ***ab*** München ein gutes Tempo.

88* Dieser Zug fährt ***ab*** Mai auch sonntags bis Garmisch.

96 Die meisten ***ab*** 1. Mai nach Süden fahrenden Züge sind elektrifiziert.
96 Dieser ***ab*** München täglich eingesetzte Zug fährt nach Garmisch.
96 Alle diese ***ab*** heute täglich fahrenden Züge sind elektrifiziert.

– Wir hatten ***ab*** München Schnee.

– Der Zug fährt ***ab*** heute bis München.

aber

– Er kam ***aber*** nicht.
– Sie hörte ihn ***aber*** nicht.

– Ihre Schwester ist ***aber*** dunkelhaarig.
– Er fuhr ***aber*** sehr schnell.

aber

2	63	Er fuhr gut, ***aber*** sehr schnell auf der Autobahn.
	56/63	Er ist ein schneller, ***aber*** sicherer Autofahrer.
	56/63	Nicht Herr Bachmann, ***aber*** ein Vertreter der Druckerei kommt gerade an.
	56/16	Er hat gegessen, ***aber*** nichts getrunken.
	56/16	Ich habe auf dich gewartet, ***aber*** er nicht.
	29	Ich hätte ihm den Vorfall gern erzählt, ***aber*** um ihn nicht zu reizen, schwieg ich lieber.

4	86	Sie ist gekommen, ***aber*** spät.
	88/95*	Kommen Sie morgen, ***aber*** bestimmt!
	88/95*	Sie kamen, ***aber*** nur zu dritt.
	86	Ich trinke Kaffee gern, ***aber*** ohne Zucker.
	91	Ein Vertreter der Druckerei, ***aber*** nicht Herr Bachmann, kommt gerade an.
	87	Sehr viele, ***aber*** keine ausländischen Fahrzeuge waren anzutreffen.
	89	Mit dir ist nichts anzufangen, ***aber*** auch gar nichts!
	89	Das ist nett, ***aber*** wirklich nett!

abgesehen davon, [daß]

86,8	Das Buch ist mir zu teuer, ***abgesehen davon, daß*** es auch schlecht geschrieben ist.
86,8	Ich möchte, ***davon abgesehen, daß*** ich jetzt noch keinen Urlaub habe, erst im Herbst verreisen.

als

1	1	Lassen Sie ihn mit dem Auto fahren, ***als*** Fahrer ist er sehr gut.
	8	Er ist älter, ***als*** du denkst.
	60/8	Das ist mehr, ***als*** ich erwartet habe.
	60/8	Gerhard weiß darüber besser Bescheid, ***als*** sein älterer und in diesem Fach ausgebildeter Bruder ahnt.
	60/8	Gerhard weiß besser Bescheid, ***als*** du ahnst.
	8	Das ist mehr, ***als*** er erwarten konnte.
	8	Wir waren, ***als*** es donnerte, im Walde.
	8	Wir waren im Walde, ***als*** es donnerte.
	8	Ich sah schon, ***als*** ich ins Zimmer trat, das offene Fenster.

aber

– Er fuhr ***aber*** sehr schnell auf der Autobahn.

– Ich hätte ihm den Vorfall gern erzählt, um ihn ***aber*** nicht zu reizen, schwieg ich lieber.

– Sie ist ***aber*** spät gekommen.
88/95* Kommen Sie morgen ***aber*** bestimmt!
88/95* Sie kamen ***aber*** nur zu dritt.

– Mit dir ist ***aber*** auch nichts anzufangen!
– Das ist ***aber*** nett!

abgesehen davon, [daß]

– Das Buch ist mir zu teuer, ***abgesehen davon*** ist es auch schlecht geschrieben.
– Das Buch ist ***abgesehen davon*** auch schlecht geschrieben.

– Ich habe jetzt noch keinen Urlaub und möchte ***davon abgesehen*** sowieso erst im Herbst verreisen.

als

59 Er ist älter ***als*** sein Bruder.
59 Das ist besser ***als*** auf ihn warten.
59 Gerhard weiß darüber besser Bescheid ***als*** sein älterer und in diesem Fach ausgebildeter Bruder.
59 Gerhard weiß besser Bescheid ***als*** du.
– Ich betrachte ihn ***als*** meinen Freund.
59 Das ist mehr ***als*** nötig ist.
59 Das ist mehr ***als*** genug.
59 Das ist mehr ***als*** zu erwarten war.

als

1 8 Damals, ***als*** die Brücke einstürzte, war er in der Stadt.
8 Er tut so, ***als*** gäbe es keine Autos auf der Straße.

---

2 65 Dann sah ich sie in ihrem Kostüm ***als*** Spanierin, ***als*** Mexikanerin oder ***als*** was sie auch gekommen sein mochte (,) mitten auf der Tanzfläche.

---

3 30 Es gibt nichts Besseres, ***als*** zu laufen.
30 Es ist besser, ***als*** zu fahren.

60/29 Es ist besser, ***als*** ihn nach Hause zu fahren.
29 Es blieb nichts anderes übrig, ***als*** mit dem Auto zu fahren.
29 Er scheint lieber zu lesen oder in der Zeitschrift zu blättern, ***als*** baden zu gehen.
30 Er fand es schöner, ***als*** auszugehen.
30 Für ihn gab es nichts Schöneres, ***als*** zu reiten.
29 Für ihn gab es nichts Schöneres, ***als*** über die Felder zu reiten.
30 Er konnte nichts anderes tun, ***als*** zu warten.

22 Er hat, ***als*** letzter kommend, eben das Tor passiert.
22 Er verließ, ***als*** Weltmeister geschlagen, den Ring.
27 Dr. Bogner, ***als*** Wissenschaftler eine Kapazität, ist anderer Meinung.
22 Diese Leistung, ***als*** einmalig in der Geschichte des Sports bezeichnet, beschäftigte die Fachleute.

---

4 65/87 Diese beachtenswerte, ***als*** einmalig in der Geschichte des Sports bezeichnete Leistung beschäftigte die Fachleute.
86 Und dann tranken sie sich gegenseitig zu, ***als*** Abstinenzler natürlich mit Fruchtsaft.
86 Das kann er sich nicht leisten, ***als*** Beamter schon gar nicht!
16 Als Fachmann schätze ich ihn, ***als*** Menschen weniger.

als

---

55 Wir stellen ***sowohl*** Fertigwaren ***als auch*** Halbfabrikate her.
55 ***Sowohl*** er muß bezahlen ***als auch*** seine Frau.
55 ***Sowohl*** er ***als auch*** seine Frau müssen bezahlen.
59 Es kam ihm nicht so sehr auf das Geld ***als*** vielmehr auf eine angenehme Tätigkeit an.
67 Es kam ihm ***sowohl*** auf das Geld ***als*** auf die angenehme Tätigkeit an.
55 Er hat am gleichen Tag ***sowohl*** dem einen Bruder ein Zugeständnis gemacht ***als auch*** dem anderen Bruder eine Absage erteilt.

---

59 Es gibt nichts Besseres ***als*** laufen.
59 Er will lieber laufen ***als*** mit ihm fahren.
59 Laufen ist besser ***als*** fahren.
59 Er will lieber laufen ***als*** mit ihm nach Hause fahren.
59 Man kann ihm keinen besseren Dienst erweisen ***als*** ihn sofort nach Hause fahren.

59 Für ihn gab es nichts Schöneres ***als*** reiten.
59 Für ihn gab es nichts Schöneres ***als*** über die Felder reiten.
59 Er konnte nichts anderes tun ***als*** warten.
59 Er lernt besser ***als*** die anderen.
59 Er ist besser ***als*** je zuvor.
– Er hat ***als*** letzter eben das Tor passiert.
– Er verließ ***als*** Weltmeister den Ring.
– Dr. Bogner ***als*** Wissenschaftler ist anderer Meinung.

---

96 Diese ***als*** einmalig in der Geschichte des Sports bezeichnete Leistung beschäftigte die Fachleute.
– Und dann tranken sie sich ***als*** Abstinenzler natürlich mit Fruchtsaft gegenseitig zu.
88 Er ***als*** Vorbestrafter sollte vorsichtiger sein.

als

4 88* Er wurde, ***als*** erster in diesem Jahr, nach Afrika geschickt.
86 Gegen Abend kam er doch noch an, ***als*** letzter.
86 Vergessen Sie auf keinen Fall, unsere schwierigen Kunden, ***als*** da sind Meier & Co, Farben-Berg usw. zu besuchen.
97 Ja, ***als*** Fachmann!

4a 30, 59 Er ist jetzt eher bereit, Englisch zu lernen, ***als*** früher.
8 Er hat ***sowohl*** Kinder, wenn sie älter als sechs Jahre waren, ***als auch*** Erwachsene behandelt.
35/79* Er sprach schnell und ohne sich zu verhaspeln, ***als*** Vorsitzender die Begrüßungsworte.
11* Er kauft sich lieber Betten, Möbel und was man zur Einrichtung alles haben muß, ***als*** einen neuen Sportwagen.

als daß

8 Ich war zu aufgeregt, ***als daß*** ich darauf geachtet hätte.
8 Es ist leichter (,) zuzusehen, ***als daß*** man mit anfaßt.

als ob

8 Er tat so, ***als ob*** er sich verletzt hätte.
8 Sie saßen beisammen, ***als ob*** sie die besten Freunde wären.
8 Sie saßen beisammen, ***als*** wären sie die besten Freunde.

als wenn

8 Sie lief, ***als wenn*** sie verfolgt würde.
8 Sie lief, ***als*** würde sie verfolgt.
8 Er staunte, ***als wenn*** er nie dergleichen gesehen hätte.
8 Er staunte, ***als*** hätte er nie dergleichen gesehen.

also

1 1 Er ist zu Hause, ***also*** werden wir ihn morgen sehen.
1 Du hast schon mehrfach gelogen, ***also*** kann ich dir nicht mehr glauben.

als

88* Er wurde ***als*** erster in diesem Jahr nach Afrika geschickt.

– Er gilt ***als*** Fachmann.
88 Du ***als*** Hausherr mußt die Gäste begrüßen.

41, 59 Er ist jetzt eher bereit zu lernen ***als*** früher.

35/79* Er sprach schnell und ohne sich zu verhaspeln ***als*** Vorsitzender die Begrüßungsworte.
11* Er kauft sich lieber Betten, Möbel und was man zur Einrichtung alles haben muß ***als*** einen neuen Sportwagen.

als daß

59 Es ist leichter zuzusehen ***als*** darauf zu achten.

als ob

59 Sie saßen beisammen ***als*** die besten Freunde.
– Sie saßen beisammen, geradeso ***als ob*** sie die besten Freunde wären.

als wenn

– Sie lief weg, genauso ***als wenn*** sie verfolgt würde.

– Er sah es an, geradeso ***als wenn*** er nie dergleichen gesehen hätte.

also

– Wir werden ihn ***also*** morgen sehen.
– Ich kann dir ***also*** nicht mehr glauben.

also

4 86 Einen kräftigen Gebrauchshund, ***also*** einen Schäferhund oder Boxer, wollen wir anschaffen.
86 Du kannst morgen, ***also*** am Sonntag, vorbeikommen.

anstatt [daß]

1 8 Der Oberbürgermeister schickte einen Vertreter, ***anstatt daß*** er selber gekommen wäre.

---

3 30 Er las, ***anstatt*** zu arbeiten.
29 Er war, ***anstatt*** Schularbeiten zu machen, spazierengegangen.
29 Er ärgerte sich nur, ***anstatt*** sich zu bessern.

---

4 62 Er ging, ***anstatt*** nach Hause, in die Kneipe.

auch [wenn]

1 8 Er geht, ***auch wenn*** es regnet, jeden Tag spazieren.
8 Er kommt, ***auch wenn*** du ihn nicht darum bittest.
8 Du mußt durchhalten, ***auch wenn*** es schwerfällt!
8 Ich habe alles vergessen, ***auch was*** er gesagt hat.

---

2 65 Ich fahre nach Köln, ***auch*** nach Düsseldorf.

---

3 29 Er hat die Absicht, ***auch*** noch zu baden.

---

4 86 Ich liebe alle Blumen, ***auch*** Veilchen.

auf

1 1 Wir warten nicht länger, ***auf*** ihn ist kein Verlaß.
8 Ich weiß nicht, ***auf*** wen er wartet.
8 Ist das der Herr, ***auf*** den du wartest?
8 Er sagt uns, ***auf*** diesen Mann komme es an, auf ihn könnten wir uns verlassen.
15 Er sagt uns, daß das der Mann sei, ***auf*** den es ankomme.

also

– Wir kaufen ***also*** einen Schäferhund oder Boxer.

– Du kannst ***also*** morgen vorbeikommen.
– Es bleibt ***also*** dabei.

anstatt [daß]

– Es kam ein Stadtverordneter ***anstatt*** des Oberbürgermeisters.

– Er will lieber spazierengehen ***anstatt*** zu arbeiten.

– Er ging in die Kneipe ***anstatt*** nach Hause.

auch [wenn]

8 Er kommt ***auch, wenn*** du ihn nicht darum bittest.
– Du hast ***auch*** keine ruhige Minute.

– Ich fahre ***auch*** nach Düsseldorf.

– Er will jetzt ***auch*** noch baden.

– Sie liebt ***auch*** Veilchen.

auf

– Wir warten nicht länger ***auf*** ihn.

– Wartest du ***auf*** diesen Herrn?

auf

2	56	Er fuhr auf der Autobahn schnell, ***auf*** der Landstraße aber sehr langsam.
	63	Er fuhr auf der Autobahn schnell, ***auf*** der Landstraße aber sehr langsam mit seinem Motorroller.

3	29	Er hat die Absicht, ***auf*** der Straße zu parken.
	38*	Er hofft, ***auf*** der Straße parken zu können.
	39	Er hofft fest, ***auf*** der Straße parken zu können.
	29	Es hat keinen Zweck, ***auf*** ihn zu warten.
	27	Er fuhr, ***auf*** der Straße sonst sicher, viel zu schnell in die Kurve.
	39	Wir hoffen, ***auf*** alle Ihre Wünsche Rücksicht genommen zu haben, und grüßen Sie . . .
	29	Er verließ den Saal, ***auf*** einmal schlecht gelaunt.

4	87	Die wichtigsten, ***auf*** alle Fälle die drei großen Sendungen sind noch heute auszuliefern.
	88*	Rufen Sie mich, ***auf*** alle Fälle, heute mittag an.
	86	Und jetzt müssen Sie noch einmal unterzeichnen, ***auf*** der anderen Seite.
	88/95*	Er wendet, ***auf*** dieser Straße!
	86	Rufen Sie mich aber bestimmt an, ***auf*** alle Fälle!
	86	Das unterschreibe ich nicht, ***auf*** keinen Fall!
	91	Mailand, ***auf*** italienisch „Milano“, liegt in Oberitalien.
	16	Danke, ***auf*** bald!

4a	8	Sagen Sie alles, was wichtig ist, ***auf*** englisch.
	91	Ich sah Herrn Meier, den Rektor unserer Schule, ***auf*** seinem Spaziergang.
	79/11*	Sie kauften einen Kühlschrank, ein Radio, einen Staubsauger und was sie sonst noch brauchten, ***auf*** Raten.

auf

– Er fuhr sehr schnell ***auf*** dieser gefährlichen Straße.

---

37 Er hat ***auf*** der Straße zu parken.
38* Er hofft ***auf*** der Straße parken zu können.

– Er verließ den Saal ***auf*** Zehenspitzen.

88* Rufen Sie mich ***auf*** alle Fälle heute mittag an.
– Und jetzt müssen Sie noch einmal ***auf*** der anderen Seite unterzeichnen.
96 Die ***auf*** dieser Seite der Straße stehenden Laternen werden erneuert.
88/95* Er wendet ***auf*** dieser Straße.
– Rufen Sie mich aber ***auf*** alle Fälle an.
– Das unterschreibe ich ***auf*** keinen Fall.
– Mailand heißt ***auf*** italienisch Milano.

– Sagen Sie alles ***auf*** englisch.
– Ich sah Herrn Meier ***auf*** seinem Spaziergang.

79/11* Sie kauften einen Kühlschrank, ein Radio, einen Staubsauger und was sie sonst noch brauchten ***auf*** Raten.

ausgenommen, [daß]/[wenn]

86,8 Man sieht ihn nie im Theater, ***ausgenommen, daß*** er manchmal ein Konzert besucht.

86,8 Er ist nie zu sprechen, ***ausgenommen, wenn*** man sich drei Tage vorher anmeldet.

86,8 Er läßt alles von seiner Frau besorgen, ***ausgenommen,*** er braucht neue Schuhe oder einen Anzug.

außer [daß]/[wenn]/[wo]

8 Er geht nie ins Theater, ***außer daß*** er manchmal ein Konzert besucht.

8 Er mag keinen Fisch, ***außer wenn*** es Matjesheringe gibt.

8 Es war kaum durchzukommen, ***außer wo*** Schneepflüge Platz geschaffen hatten.

86,8 Es war kaum durchzukommen, ***außer dort, wo*** Schneepflüge Plat geschaffen hatten.

86 Wir fahren mit dem Auto, ***außer*** bei Nebel.

86* Du kannst immer kommen, ***außer*** morgen.

außerdem

1

1 Er ist kein guter Fahrer, ***außerdem*** trinkt er.

1 Die Zündung funktionierte nicht richtig, ***außerdem*** klapperte die rechte Tür.

8 Er sagte, ***außerdem*** ginge es ihn nichts an.

2

58 Schicken Sie ihm ein Muster, ***außerdem*** Materialproben.

58/63 Er ist in Deutsch, ***außerdem*** in Mathematik ganz gut.

3

30 Er hat die Absicht, ***außerdem*** anzurufen.

29 Er hat die Absicht, ***außerdem*** seinen Vater anzurufen.

29 Er fing an zu arbeiten, ***außerdem*** Sport zu betreiben.

31 Er beschloß ***außerdem***, anzurufen.

31 Er beschloß, ***außerdem*** anzurufen.

51, 30 Er scheint Tennis zu spielen, ***außerdem*** zu turnen.

38* Er wünscht, ***außerdem*** zu turnen.

39 Er wünscht sehnlich, ***außerdem*** zu turnen.

ausgenommen, [daß]/[wenn]

86 Man sieht ihn nie im Theater, ***ausgenommen*** in Konzerten.

86 Er ist nie zu sprechen, ***ausgenommen*** bei vorheriger Anmeldung.
86 Er läßt alles von seiner Frau besorgen, ***ausgenommen*** seine Schuhe und Anzüge.

außer [daß]/[wenn]/[wo]

– Er war ***außer*** Sicht.
– Wir haben nichts ***außer*** acht gelassen.
– Die Fabrik war ***außer*** Betrieb.
– Er war wieder ***außer*** Sicht.
– Er ist jetzt ***außer*** Gefahr.

86* Du kannst immer kommen ***außer*** morgen.

außerdem

– Er ist ***außerdem*** farbenblind.
– Die Zündung ist ***außerdem*** nicht in Ordnung.

– Es geht ihn ***außerdem*** nichts an.

– Schicken Sie ihm ***außerdem*** Materialproben.
– Er ist ***außerdem*** gut in Mathematik.

---

37 Er hat ***außerdem*** anzurufen.
37 Er hat ***außerdem*** seinen Vater anzurufen.
41 Er hat ***außerdem*** die Absicht anzurufen.

37 Er scheint ***außerdem*** zu turnen.
38* Er wünscht ***außerdem*** zu turnen.

außerdem

4 96, 16 Ja, ***außerdem*** heute.
87 Die schweren, ***außerdem*** die noch nicht registrierten leichteren Fahrzeuge, müssen erst durch die Kontrolle.
86 Das Auto war schön, ***außerdem*** preiswert.

4a 8 Er soll abends, und zwar gegen 6 Uhr, ***außerdem*** anrufen.

besonders

1 1 Sie liebt Blumen, ***besonders*** Nelken haben ihre Zuneigung.

---

2 56, 63 Tulpen, Lilien, Rosen, ***besonders*** aber Nelken liebt sie sehr.

---

3 29 Sie nahm sich vor, ***besonders*** die Nelken zu gießen.
29 Er hatte den Auftrag, ***besonders*** gut aufzupassen.

---

4 86 Sie liebt Blumen, ***besonders*** Nelken.

86 Sie liebt Blumen, ***besonders*** weiße Nelken, im Vorgarten.
88* Blumen sind, ***besonders*** heute, willkommen.
86 Blumen sind immer, ***besonders*** heute, willkommen.
86 Blumen, ***besonders*** Nelken, liebt sie sehr.
86 Nelken, ***besonders*** rote, liebt sie am meisten.
86 Für schöne Dinge, ***besonders*** für Blumen, hatte sie viel übrig.
87 Alle diese, ***besonders*** die noch in der Ausbildung stehenden Jugendlichen erhalten eine Ermäßigung.

4a 30 Sie fand seine Methode, sich zu entspannen, ***besonders*** gut.
11/79* Sie liebte Rosen, Tulpen und was leuchtende Farben hatte, ***besonders*** im Vorgarten.
83* Über Rosenpflege finden Sie im Blumen-Almanach, 3. Band, Seite 312, ***besonders*** gute Hinweise.

außerdem

96 Diese ***außerdem*** den Verkehr stark behindernden Nutzfahrzeuge werden umgeleitet.
– Das Auto war ***außerdem*** preiswert.

– Er soll abends ***außerdem*** anrufen.

besonders

– Sie liebt ***besonders*** Nelken.

– Sie liebt aber ***besonders*** Nelken.

---

41 Sie nimmt sich ***besonders*** für die Nelken Zeit zu gießen.
41 Sie fand seine Methode zu arbeiten ***besonders*** gut.

– Sie liebt ***besonders*** Nelken.
– Sie liebt ***besonders*** weiße Nelken.
– Sie liebt ***besonders*** weiße Nelken im Vorgarten.
88* Blumen sind ***besonders*** heute willkommen.

96 Die meisten ***besonders*** sorgfältig ausgebildeten Lehrlinge bleiben in ihren Betrieben.

– Sie fand seine Methode ***besonders*** gut.
11/79* Sie liebte Rosen, Tulpen und was leuchtende Farben hatte ***besonders*** im Vorgarten.
83* Über Rosenpflege finden Sie im Blumen-Almanach, 3. Band, Seite 312 ***besonders*** gute Hinweise.

besonders weil/wenn

8 Der Weg ist sehr zu empfehlen, ***besonders weil*** er viel Schatten hat.
8 Sie liebt Blumen, ***besonders wenn*** es sich um Nelken handelt.
8 Es ist schön dort, ***besonders wenn*** die Bäume blühen.
8 Du solltest telefonieren, ***besonders wenn*** es spät wird.

betreffend

88* Zu unserem Bericht, ***betreffend*** die Kanalisierung der Gartenstraße, ist folgendes nachzutragen. (Besser: Zu unserem Bericht über die Kanalisierung . . .)
88 Ich möchte, ***betreffend*** Ihren Sohn, einen Kuraufenthalt vorschlagen. (Besser: . . . für Ihren Sohn. . .)

bis

1 1 Kommen Sie morgen, ***bis*** dahin ist es fertig.
8 Ich lasse ihm Zeit, ***bis*** er liefert.
8 Ich lasse ihm Zeit, ***bis*** die morgige Lieferung eintrifft.
8 Sie wartet, ***bis*** die Vorstellung zu Ende ist.
8 Sie blieb sitzen, ***bis*** er kam.

---

2 65 Fährst du ***bis*** Kassel, ***bis*** Frankfurt oder ***bis*** München?

---

3 29 Es ist besser, ***bis*** morgen zu warten.
29 Es ist besser, ***bis*** morgen damit zu warten.
29 Sie hat vor, ***bis*** zum Ende der Vorstellung zu warten.
22 Herr Müller, ***bis*** auf weiteres beurlaubt, gab keinen Kommentar.

---

4 95* Ich lasse ihm Zeit, ***bis*** zur morgigen Lieferung.
95* Ich lasse ihm Zeit, ***bis*** zum Eintreffen der morgigenLieferung.
86 Sie schlossen sich seiner Meinung an, ***bis*** auf Herrn Weber.
88* Sie schlossen sich, ***bis*** auf Herrn Weber, seiner Meinung an.

besonders weil/wenn

8 Ich freue mich ***besonders, wenn*** im Garten die Bäume blühen.

betreffend

23 Die Kanalisierung der Gartenstraße ***betreffend*** haben wir Ihnen folgendes mitzuteilen. (Als Umstandsbestimmung aufgefaßt; besser: Wegen der Kanalisierung . . .)

23 Die Kanalisierung der Gartenstraße ***betreffend,*** haben wir Ihnen folgendes mitzuteilen.
(Als Mittelwortgruppe aufgefaßt)

88* Zu unserem Bericht ***betreffend*** die Kanalisierung der Gartenstraße ist folgendes nachzutragen. (Besser: Zu unserem Bericht über die Kanalisierung . . .)

88 Ich möchte Ihren Sohn ***betreffend*** einen Kuraufenthalt vorschlagen. (Besser: . . . für Ihren Sohn . . .)

bis

– Sie wartet ***bis*** zum Ende der Vorstellung.
– Sie will ***bis*** zum Ende der Vorstellung warten.

– Ich fahre langsam ***bis*** München.

– Sie sollen ***bis*** morgen warten.
– Sie sollen ***bis*** morgen damit warten.
– Sie sollen ***bis*** morgen mittag damit warten.

95* Ich lasse ihm Zeit ***bis*** zur morgigen Lieferung.
95* Ich lasse ihm Zeit ***bis*** zum Eintreffen der morgigen Lieferung.

88* Sie schlossen sich ***bis*** auf Herrn Weber seiner Meinung an.

bis

4	88*	Er fuhr, ***bis*** zur Grenze, in unserem Abteil.
	88/95*	Er ist der schnellste, ***bis*** jetzt.
	86	Wir liefern in den nächsten Tagen, ***bis*** Freitag bestimmt.
	27	Herr Bergmann, ***bis*** gestern der zuständige Beamte, gab uns einen wichtigen Hinweis.
	16/97	Ja, ***bis*** morgen.
	16	Warte, ***bis*** ich anrufe!

4a	11/79*	Wir müssen seine Kleider, seine Koffer und was er sonst noch besitzt, ***bis*** morgen behalten.
	35/79*	Fahren Sie langsam und ohne sich um die anderen zu kümmern, ***bis*** München!

bitte

19	Nehmen Sie Platz, ***bitte***!
88*	Kommen Sie, ***bitte*** noch heute, auf mein Zimmer.
19,8	Fahre nur dann, ***bitte***, wenn kein Neuschnee gefallen ist.
8,19	Wenn es so ist, ***bitte***, dann tun Sie es!
19/16*	***Bitte***, nach Ihnen! ***Bitte***, nicht hier!
98	Oh, ***bitte***!
86/85	Komme morgen nicht, ***bitte*** nicht!
86	Kommen Sie morgen, ***bitte*** nicht heute!

da

1	1	Heute ist Sitzung, ***da*** ist er leider nicht zu erreichen.
	8	Er kann nicht kommen, ***da*** er verreist ist.
	8	Er wollte zurück, ***da*** er fror.
	8	Nun, ***da*** er Politiker geworden ist, will sie nichts mehr von ihm wissen.

2	65	Er war hier, ***da*** und dort.

3	30	Ich bat ihn, ***da*** zu bleiben, wo er war.
	29	Ich bat ihn, ***da*** oben zu bleiben.

bis

88* Er fuhr ***bis*** zur Grenze in unserem Abteil.
88/95* Er ist der schnellste ***bis*** jetzt.

11/79* Wir müssen seine Kleider, seine Koffer und was er sonst noch besitzt ***bis*** morgen behalten.
35/79* Fahren Sie langsam und ohne sich um die anderen zu kümmern ***bis*** München!

bitte

18 Nehmen Sie ***bitte*** Platz!
88* Kommen Sie ***bitte*** noch heute auf mein Zimmer.
18, 8 Fahre ***bitte*** nur dann, wenn kein Neuschnee gefallen ist.
8, 18 Wenn es so ist, dann tun Sie es ***bitte***.
18, 16* ***Bitte*** nach Ihnen! ***Bitte*** nicht hier!
99 O ***bitte*** sehr!
18 Rufen Sie ***bitte*** die Zentrale an!
18 Geben Sie mir doch ***bitte*** den Federhalter!
18, 17 Liefern Sie ***bitte*** wie gehabt . . .

da

– Du kannst ***da*** nicht bleiben.
– Er wollte ***da*** zurück.

– Er war ***da*** nicht weiter aufgefallen.

---

41 Ich bat ihn ***dazubleiben.***

da

4 88* Auf dem Parkplatz, ***da*** hinten, ist kein Platz mehr frei.
88* Ich fand sie, ***da*** hinten.
86 Dieser Mann, ***da*** hinten der, hat es getan.
84 Auf der Autobahn, ***da*** erreichte ich ihn endlich.

4a 11/79* Wir trafen Herrn Schmidt, Herrn Kratz, Herrn Maar, Herrn Schaller und wer sonst noch von den Herren das Museum besuchen wollte, ***da*** unten im Bierkeller.

darauf

1 1 Wir haben heute Jubiläum, ***darauf*** wollen wir trinken!
8 Er sagte, ***darauf*** sei er nicht vorbereitet.

3 30 Er nahm sich vor, ***darauf*** zu achten.
29 Er nahm sich vor, ***darauf*** besonders zu achten.
38* Er versucht, ***darauf*** zu achten.
38* Er versucht, ***darauf*** besonders zu achten.
39 Er versucht bestimmt, ***darauf*** zu achten.
39 Er versucht bestimmt, ***darauf*** besonders zu achten.

4 46 Zu rauchen, ***darauf*** freute er sich.
33 Die Stelle zu besetzen, ***darauf*** kommt es an.
86 Ich nehme keine Rücksicht, ***darauf*** schon gar nicht!
27 Der Minister, ***darauf*** vorbereitet, konnte sich sofort verteidigen.

das heißt (d. h.)/das ist (d. i.)

86,1 Er gab mir eine falsche Auskunft, ***d. h.***, er hat sich geirrt.
86,8 Er kommt übermorgen zu mir, ***d. h.***, wenn er nicht verreisen muß.
86,8 . . ., ***d. h.***, wenn er das Meer meint.
86,8 . . ., ***d. i.***, wenn es grün wird.
86,8 . . ., ***d. h.***, daß es Mitternacht ist.

86,8 . . ., ***d. h.***, daß es ungebunden ist.

da

88* Auf dem Parkplatz ***da*** hinten ist kein Platz mehr frei.
88* Ich fand sie ***da*** hinten.
96 Einige ***da*** oben vom Schneesturm überraschte Skifahrer konnten in der Hütte Zuflucht finden.

11/79* Wir trafen Herrn Schmidt, Herrn Kratz, Herrn Maar, Herrn Schaller und wer sonst noch von den Herren das Museum besuchen wollte ***da*** unten im Bierkeller.

darauf

– Wir wollen ***darauf*** trinken.
– Er war ***darauf*** nicht vorbereitet.

– Er muß ***darauf*** achten.
– Er muß ***darauf*** besonders achten.
38* Er versucht ***darauf*** zu achten.
38* Er versucht ***darauf*** besonders zu achten.
37 Er pflegt ***darauf*** zu achten.
37 Er pflegt ***darauf*** besonders zu achten.

– Er hat sich ***darauf*** sehr gefreut.
96 Einige ***darauf*** nicht mehr in den Vorstand gewählte Mitglieder protestierten heftig.

das heißt (d. h.)/das ist (d. i.)

5 Am 26. Juli, ***d. i.*** ein Montag, fangen die Ferien an.
5, 65 Die Studierenden der einzelnen Fächer, ***das sind*** Anglisten, Romanisten, Germanisten, bilden eigene Fachschaften.

86 Der Hintergrund des Bildes, ***d. h.*** das Meer, ist in dunklem Grau gehalten.
86 Besuche mich am Anfang der Woche, ***d. h.*** am Montag.
86 Am Anfang der Woche, ***d. i.*** am Montag, hoffe ich ihn zu sehen.
87 Er kauft ein broschiertes, ***d. h.*** ein ungebundenes Buch.

daß

1	8	Machen Sie es so, ***daß*** er es nicht merkt.
	12	Ich wußte, ***daß*** er damit nicht zurechtkam, ***daß*** er sich aber große Mühe gab.
	12	Ich wußte, ***daß*** er es getan hatte, ***daß*** er es aber nicht zugeben würde.
	13	Ich wußte, ***daß*** er es getan hatte und ***daß*** er es nie zugeben würde.
	8	Ich wußte, ***daß*** es geht.
	8	Ich wußte, ***daß*** es damit geht.
	8	Ich wußte, ***daß*** es damit bestimmt besser geht.
	8	. . . davon abgesehen, ***daß*** . . .
	8	. . . ungeachtet dessen, ***daß*** . . .
		u. v. a.

2	14	Der Anwalt hat uns mitgeteilt, ***daß*** wir den Prozeß gewonnen haben, ***daß*** die Sache damit endgültig entschieden ist und ***daß*** wir mit der Entscheidung sehr zufrieden sein können.

denn

1	1/8	Gehen Sie zu ihm, ***denn*** daß er anruft, glaube ich nicht.
	1/8	Gehen Sie zu ihm, ***denn*** wenn er herkommt, hält er uns nur auf.
	1,5	Gehen Sie zu ihm, ***denn***, das ist uns ganz klar, er wird bestimmt nicht kommen.
	1	Sie müssen es ihm jetzt sagen, ***denn*** er hat es beobachtet.
	1	Gehen Sie zu ihm, ***denn*** er ist bereit zu verhandeln.
	1	Gehen Sie zu ihm, ***denn*** er wird sich freuen, einen alten Freund wiederzusehen.

3	60/60	Es ist besser, als Freund zu handeln, ***denn*** nur als Freund zu gelten.
	37/60	Er ist eher als Geschäftsmann im Büro zu finden, ***denn*** als Privatmann zu Hause anzutreffen.

daß

8 Machen Sie es jetzt gleich, so ***daß*** er es nicht merkt.
8 Machen Sie es heimlich, nicht ***daß*** er es vorher merkt!

als ***daß*** . . . anstatt ***daß*** . . . außer ***daß*** . . . geschweige ***daß*** . . .
im Fall(e) ***daß*** . . . kaum ***daß*** . . . nämlich ***daß*** . . . ohne ***daß*** . . .
so ***daß*** . . . ungeachtet ***daß*** . . . denn ***daß*** . . . aber ***daß*** . . .
nicht ***daß*** . . . selbst ***daß*** . . . u. a.

---

denn

– Hast du ihn ***denn*** nicht gefragt?
– So leb ***denn*** wohl!
59 Er ist heute reicher ***denn*** je.
59 Er ist heute reicher ***denn*** je zuvor.
59 Er war als Kunsthändler erfolgreicher ***denn*** als Künstler.
59 Sie kann besser sprechen ***denn*** schweigen.
59 Er soll lieber als Freund schweigen ***denn*** als Feind sprechen.
59 Man kann ihn eher als Geschäftsmann im Büro finden ***denn*** als Privatmann zu Hause antreffen.

---

der, die, das

1	1	Sie gewann ***das*** Spiel, ***die*** Meisterschaft fiel ihr zu, ***die*** große Prämie gehört ihr.
	1	Sie gewann, ***das*** Spiel war nicht schwer für sie.
	5	Sie gewann, ***das*** Spiel war nicht schwer für sie, ***die*** Meisterschaft.
	8	Er sagte, ***dem*** Vater gehe es gut.
	8	Die Mauer, ***die*** am Ende der Straße steht, muß verputzt werden.
	8	Das ist die Geschichte, ***die*** ich dir schon lange erzählen wollte.
	8	Unser Vertreter, ***dessen*** Unpünktlichkeit bekannt war, erschien wieder zu spät.
	12	Wir besichtigten das Haus, ***welches*** am Ende der Straße stand, ***das*** wir uns schon lange ansehen wollten.

3	22	Er ging nach Hause, ***das*** alles nicht ernst nehmend.
	22	Er nahm, ***die*** Schwierigkeiten außer acht lassend, ***den*** Auftrag an.
	22	Schließlich verließ er, ***einen*** letzten Blick zurückwerfend, ***die*** Stadt.
	27	Er kam, ***die*** Morgenzeitung in der Hand, zu uns.
	30	Er entschloß sich, ***das*** zu veranlassen.
	29	Er befahl, ***das*** alles so zu machen.
	31/49	Er empfahl, ***dem*** Mann zu gehorchen.
	31/49	Er empfahl ***dem*** Mann, zu gehorchen.
	40	Er verspricht, ***das*** Geld noch heute zurückzubringen.
	39/8	Wir hoffen, ***den*** Wünschen Ihrer Kunden damit entsprochen zu haben, und . . .
	46	Zu helfen, ***das*** ist unser Wunsch.

4	97	Nein, ***das*** wird wohl noch etwas länger dauern!
	88*	Das ist, meines Wissens, ***die*** einzige Möglichkeit.
	86	Wir haben die Hauptsache, ***das*** Geld, vergessen!
	86	Wir haben die Hauptsache vergessen, ***das*** Geld!
	84	Hast du ihn gesehen, ***den*** Bundespräsidenten?
	78/83	Er kam ***am*** Freitag, ***den*** 3. Juni aus dem Urlaub zurück.
	83/95	Er kam Freitag, ***den*** 3. Juni (,) aus dem Urlaub zurück.

der, die, das

– Man nennt dieses herrliche Land ***das*** grüne Herz Deutschlands.
– Goethe nannte seine 1819 herausgegebene Gedichtsammlung ***den*** Westöstlichen Diwan.

– Er sagte ***dem*** Vater etwas ins Ohr.
– Der Zeuge hat während des Abends und besonders zur Tatzeit ***das*** Zimmer nicht verlassen.

---

37 Er pflegt ***das*** allein zu machen.
34 Er hatte ***der*** Versuchung zu widerstehen vermocht.

40 Er verspricht ***der*** erfolgreichste Geschäftsmann dieser Stadt zu werden.
38 Wir hoffen ***den*** Wünschen Ihrer Kunden entsprochen zu haben.
37 Er pflegt ***die*** Abende zu Hause zu verbringen.
41 Er hatte ***den*** Freund gebeten zu kommen.
37 Er scheint ***die*** Sache begriffen zu haben.

88* Das ist meines Wissens ***die*** einzige Möglichkeit.

– Hast du ***den*** Bundespräsidenten gesehen?

der, die, das

4 91/83 Er kam ***am*** Freitag, ***dem*** 3. Juni, aus dem Urlaub zurück.
88* Er war, ***das*** ganze Jahr über, im Ausland.
99/98 Ach das, ***das*** habe ich vergessen!
84 Dieser Mann dort, ***der*** hat es getan!
16 Vorsicht, ***das*** Blinklicht!

4a 100 Ich biete Ihnen, meine Herren, ***die*** gesamten Lagerbestände an.

deshalb

1 1 Er ist sehr pflichtbewußt,***deshalb*** ist er verläßlich.
8 Er nahm an, ***deshalb*** sei er verläßlich.
1 Ich will dir helfen, ***deshalb*** bin ich hier.

---

3 31/49 Er wünschte ***deshalb***, zu berichten.
31/49 Er wünschte, ***deshalb*** zu berichten.
30 Er war verpflichtet, ***deshalb*** zu schreiben.
46,1 Zuzuschließen, ***deshalb*** ging er zurück.
29 Ich sehe keinen Grund, ***deshalb*** den Versuch abzubrechen.

---

4 87 Die beanstandeten, ***deshalb*** auch noch nicht freigegebenen Sendungen liegen beim Zollamt.
86/58 Er ist sehr pflichtbewußt, ***deshalb*** verläßlich.
88* Er wartete, ***deshalb*** früher als sonst, am Tor.

86/91 Sein Onkel, ***deshalb*** Erbe, mußte hinzugezogen werden.
27 Sein Bericht, ***deshalb*** unvollständig, mußte neu geschrieben werden.
86/22 Einige Vorfälle, ***deshalb*** auch nicht erwähnt, wurden nicht weiter verfolgt.

der, die, das

88* Er war ***das*** ganze Jahr über im Ausland.
96 Alle ***das*** Spiel im Stadion verfolgenden Zuschauer wurden Augenzeugen.
92 Heinrich ***der*** Löwe hat München gegründet.
92 Ludwig ***der*** Fromme war der Sohn Karls des Großen.

– Ich biete Ihnen ***die*** gesamten Lagerbestände an.

deshalb

– Es ist ***deshalb*** noch nicht verläßlich.
– Du brauchst ***deshalb*** nicht alles zu glauben.

---

41 Er war ***deshalb*** verpflichtet zu schreiben.
37 Er hat ***deshalb*** einen Bericht zu schreiben.
32 Einen Bericht zu schreiben war er ***deshalb*** verpflichtet.

– Ich sehe ***deshalb*** noch keinen Grund abzubrechen.

---

96 Die ***deshalb*** noch nicht freigegebenen Sendungen liegen beim Zollamt.
– Er ist ***deshalb*** verläßlich.
88* Er wartete ***deshalb*** früher als sonst am Tor.
88 Er wartete ***deshalb***, früher als sonst, am Tor.
– Sein Onkel ist ***deshalb*** Erbe geworden.
96 Alle ***deshalb*** unvollständigen Berichte müssen neu geschrieben werden.
96 Einige ***deshalb*** auch nicht besonders erwähnte Vorfälle wurden nicht weiter verfolgt.

dieser, -e, -es

1
1 Sie entschloß sich zu kaufen, ***diesen*** Mantel wollte sie nehmen.
1 Sie faßte den Entschluß zu kaufen, ***dieser*** gefiel ihr am besten.
8 Sie glaubt, ***diesen*** Mantel könne sie nehmen.
8 Sie glaubt, ***diesen*** könne sie nehmen.

3
29 Sie entschloß sich, ***diesen*** Mantel zu nehmen.
38* Sie wünscht, ***diesen*** zu nehmen.
39 Sie wünscht sicher, ***diesen*** zu nehmen.
22 Er mußte, ***diese*** Dinge bedenkend, den Auftrag ablehnen.

4
88* Er mußte, ***diesen*** einen Auftrag zumindest, ablehen.
86 Er mußte ablehnen,***diesen*** einen Auftrag zumindest.
84 Er mußte ihn ablehnen, ***diesen*** Auftrag.
86 Alle Aufträge, ***diese*** großen besonders, mußten abgelehnt werden.

4a
100 Sie müssen, Herr Meier, ***diesen*** Auftrag ablehnen!
97 Nein, ***diesen*** Auftrag kann ich nicht annehmen!
98 Oh, ***diese*** Sonne ist furchtbar!

eben

1
8 Er sagte, ***eben*** müsse er schreiben.
8 Er darf nicht gestört werden, ***eben*** weil er schreibt.
8 Dieser Mann glaubt, ***eben*** heute sei Hochwasser zu befürchten.
1 Jetzt hält der Zug, ***eben*** steigt er aus.

3
29 Er ist dabei, ***eben*** deshalb zu schreiben.
38* Er versucht, ***eben*** deshalb zu schreiben.
39 Er versucht aber, ***eben*** deshalb zu schreiben.
38* Dieser Mann glaubt, ***eben*** dies befürchten zu müssen.
22 Er ging, ***eben*** erst angekommen, sofort zu seiner Braut.
27 Frau Kaiser, ***eben*** die Hand am Schalter, drehte sich noch einmal um.

dieser, -e, -es

– Sie wollte ***diesen*** Mantel nehmen.
– Er hat ihr ***diesen*** Mantel empfohlen.
– Er mußte ***diese*** Dinge bedenken.

---

37 Sie scheint ***diesen*** zu nehmen.
38* Sie wünscht ***diesen*** zu nehmen.

88* Er mußte ***diesen*** einen Auftrag zumindest ablehnen.

---

99 O ***diese*** Sonne, sie ist furchtbar!

eben

– Er darf ***eben*** nicht gestört werden.
– Das Hochwasser ist ***eben*** sehr gefährlich.

– Ich sehe ihn ***eben*** aus dem Zug steigen.

---

37 Er hat ***eben*** deshalb zu schreiben.
38* Er versucht ***eben*** deshalb zu schreiben.
41 Er versucht ***eben*** zu telefonieren.
38* Dieser Mann glaubt ***eben*** dies befürchten zu müssen.

eben

4	88*	Ich möchte, ***eben*** wegen dieser Sache, nicht mit Ihnen verhandeln.
	86	Ich möchte nicht mit ihm verhandeln, ***eben*** wegen dieser Sache.
	87	Die meisten, ***eben*** besonders die einflußreichen Mitglieder sind gegen ihn.
	88*	Er ist dann, ***eben*** deshalb, nicht wiedergewählt worden.
	86	Er ist dann nicht wiedergewählt worden, ***eben*** deshalb.
	86	Er ist unfolgsam, ***eben*** ungezogen.
	91	Herr Schmidt, ***eben*** dieser nette junge Mann, sitzt in der Halle.

4a	11/79*	Er konnte die Stadtverwaltung, den Grundstücksbesitzer und wen er sonst noch berücksichtigen mußte, ***eben*** nicht überzeugen.

Eigenschaftswörter

1	1	Er trat heute von seinem Amt zurück, ***schweren*** Herzens hat er sich dazu entschlossen.
	8	Er hat ihn jetzt überzeugt, ***gelbe*** Rosen seien günstiger.

2	65, 67	Er führt ***japanische, französiche, englische, amerikanische*** und ***italienische*** Waren ein.
	56	Sie ist zwar meistens sehr ***ernst, traurig*** aber selten.
	65	Er ist ein ***einfältiger, ungebildeter*** Mensch.
	65	Der Chemiker betrachtete die ***zähflüssige, breiige*** Masse.

3	30	Er hatte vor, ***schnell*** zu gehen.
	29	Er hatte vor, ***schneller*** als ich zu gehen.
	38*	Er versucht, ***schnell*** zu gehen.
	39	Er versucht jetzt, ***schnell*** zu gehen.
	30, 8	Er hat den Wunsch, ***schneller*** zurückzukommen, als es geplant war.
	22	Der Boxer stand in seiner Ecke, ***schwer*** von der Rechten getroffen.
	27	Sie ging, ***rote*** Rosen in der Hand, zu ihrer Mutter.

eben

88* Ich möchte ***eben*** wegen dieser Sache nicht mit Ihnen verhandeln.

88* Er ist dann ***eben*** deshalb nicht wiedergewählt worden.
96 Bei dem ***eben*** zum Vorsitzenden seiner Partei gewählten Politiker stehen die Reporter.

11/79* Er konnte die Stadtverwaltung, den Grundstücksbesitzer und wen er sonst noch berücksichtigen mußte ***eben*** nicht überzeugen.

Eigenschaftswörter

– Er trat von seinem Amt ***schweren*** Herzens zurück.

---

71 Er führt ***billige japanische*** Rundfunkgeräte ein.
71 Seine ***vielen persönlichen*** Ausgaben waren unnötig.
71 Er führte eine ***umfangreiche schwarze*** Liste.

---

37 Er hat ***schnell*** zu gehen.
37 Er braucht nur ***schneller*** zu gehen.
38* Er versucht ***schnell*** zu gehen.
37 Er pflegt ***pünktlich*** zu liefern.
34 Den genauen Hergang wollen wir ***schnell*** zu klären versuchen.

Eigenschaftswörter

4	89, 8	Er kam zurück, ***schneller***, als du dachtest.
	46	Auszugehen, ***schnell*** war er dazu entschlossen.
	86	Fahre jetzt nach Hause, ***schön*** langsam!
	88*	Fahre jetzt, ***schön*** langsam, nach Hause.
	88*	Er wollte, ***lieber*** heute als morgen, die Fahrt antreten.
	91	Meier II, ***bester*** Schütze der Gruppe, erhielt den Pokal.
	64	Kommen Sie morgen, ***besser*** übermorgen(,) nach 5 Uhr.
	89	Die Fahne, ***blau*** und ***weiß***, flatterte vom Mast.
	89	Betrüger, ***gemeiner!***
	86	Inge ist ***groß, größer*** als Christa.
	59, 86	Inge ist ***so groß wie*** Renate, ***viel größer als*** Rita.
	86	Inge ist die ***größte*** unter ihren Kolleginnen, ***so groß wie*** er.

4a	35/79*	Sie ging ohne Abschied und ohne sich noch einmal umzusehen, ***schnell*** weiter.
	11/79*	Er erzählte zu Hause, im Büro, in Gesellschaften und wo er auch immer Gelegenheit dazu hatte, ***abenteuerliche*** Geschichten.

einschließlich

1	8	Er sagte, ***einschließlich*** Heizung und Licht koste das Zimmer 100,– DM.
	1	Wir schicken Ihnen das Buch, ***einschließlich*** Verpackung kostet es 12,20 DM.

2	65	Die Preise sind ***einschließlich*** Verpackung, ***einschließlich*** Porto und ***einschließlich*** sonstiger Nebenkosten angegeben.

3	29	Er ist entschlossen, ***einschließlich*** der Vororte das ganze Stadtgebiet zu bearbeiten.
	38*	Er versucht, ***einschließlich*** der Vororte das ganze Stadtgebiet zu bearbeiten.
	39	Er versucht jetzt, ***einschließlich*** der Vororte das ganze Stadtgebiet zu bearbeiten.

4	88/95*	Sie übernehmen als Vertreter das Stadtgebiet, ***einschließlich*** der Vororte im Norden und Westen.

Eigenschaftswörter

8 Er ist ***schneller*** als du.

88* Fahre jetzt ***schön*** langsam nach Hause.
88* Er wollte ***lieber*** heute als morgen die Fahrt antreten.
90 Schmidt ***junior;*** ein Bier ***hell*** und ein Bier ***dunkel.***
90 Hänschen ***klein***; Röslein ***rot***; bei einem Wirte ***wundermild***;
96 Dieser ***heftig*** auf den Präsidenten einredende Herr kommt mir bekannt vor.

35/79* Sie ging ohne Abschied und ohne sich noch einmal umzusehen ***schnell*** weiter.
11/79* Er erzählte zu Hause, im Büro, in Gesellschaften und wo er auch immer Gelegenheit dazu hatte ***abenteuerliche*** Geschichten.

einschließlich

– Das Zimmer kostet ***einschließlich*** Heizung und Licht DM 100,–.

– Was kostet das Buch ***einschließlich*** Verpackung?

– Die Preise sind ***einschließlich*** aller Nebenkosten angegeben.

---

37 Er hat ***einschließlich*** der Vororte das ganze Stadtgebiet zu bearbeiten.
38* Er versucht ***einschließlich*** der Vororte das ganze Stadtgebiet zu bearbeiten.

88/95* Sie übernehmen als Vertreter das Stadtgebiet ***einschließlich*** der Vororte im Norden und Westen.

einschließlich

4 87 Etwa zehn, ***einschließlich*** der Vororte sogar mehr als zwanzig Baustellen erforderten Umleitungen.

88* Wir haben, ***einschließlich*** der Lagerräume, alles durchsucht.

entsprechend

86 Es wurden jede Nacht drei Kontrollgänge gemacht, ***entsprechend*** den Vorschriften.

86 Sie standen an der Maschine, ***entsprechend*** der Betriebsordnung mit Schutzhelmen ausgerüstet.

erst, als/wenn/nachdem

8 Er kam ***erst, als*** ich dreimal angerufen hatte.

8 Du bekommst das Buch ***erst, wenn*** deine Aufgaben gemacht sind.

8 Wir kehrten ***erst, als*** es Abend wurde, zurück.

es

1 8 Er sagte, ***es*** ginge.

8 Er sagte, ***es*** kämen noch mehr Gäste.

1 ***Es*** regnet, ***es*** regnet schon sehr lange.

5 Er sagte, ***es*** ist mir noch in Erinnerung, nur wenige Worte.

---

3 22 Er hatte, ***es*** beobachten lassend, schwere Vergehen festgestellt.

38* Er versucht, ***es*** durch List zu erreichen.

38* Wir hoffen, ***es*** damit erreichen zu können.

30 Er hält ***es*** für möglich, ***es*** abzulehnen.

30 Er kam, ***es*** zu erleben, in die Stadt.

30 Er beabsichtigte, ***es*** zu veranlassen.

47* ***Es*** wollte ihm nicht gelingen, anzufangen.

47* Er liebt ***es***, zu rauchen.

47* ***Es*** war ihm nicht vergönnt, zu kommen.

47* Er hält ***es*** für unmöglich, abzulehnen.

einschließlich

96 Der ***einschließlich*** der Vororte mehr als zweihundert Kunden umfassende Vertreterbezirk ist zu groß.
88* Wir haben ***einschließlich*** der Lagerräume alles durchsucht.

entsprechend

23 Den Vorschriften ***entsprechend*** wurden jede Nacht drei Kontrollgänge gemacht.
23 Er hat ***entsprechend*** den Vorschriften jede Nacht drei Kontrollgänge gemacht.
23 Das Buch ist seinem Zweck ***entsprechend*** mit guten Abbildungen ausgestattet worden.
– Sie standen an der Maschine und waren ***entsprechend*** der Betriebsordnung mit Schutzhelmen ausgerüstet.

erst, als/wenn/nachdem

– Er mußte ***erst*** dreimal gerufen werden.
– Er will ***erst als*** gemachter Mann aus Amerika zurückkommen.

– Wir kehrten ***erst*** am Abend zurück.

es

– Er sagte ***es*** uns.

3 ***Es*** regnet und ***es*** regnet.
– Er sagte ***es*** mit wenigen Worten.
– Er hatte ***es*** beobachten lassen.

– Er hat ***es*** noch nicht festgestellt.

38* Er versucht ***es*** durch List zu erreichen.
38* Wir hoffen ***es*** damit erreichen zu können.
37 Er scheint ***es*** nicht nötig zu haben.

47* ***Es*** wollte ihm nicht gelingen anzufangen.
47* Er liebt ***es*** zu rauchen.
47* ***Es*** war ihm nicht vergönnt zu kommen.
47* Er hält ***es*** für unmöglich abzulehnen.

es

4 84 Dieses Gesicht, ***es*** kommt mir bekannt vor.
97 Ja, ***es*** könnte gehen!
98 Oh, ***es*** tut mir leid!

es sei denn, [daß]

1, 8 Ein solches Buch wird viel gekauft werden, ***es sei denn, daß*** es zu teuer wäre.
1, 8 Wir folgen eurer Einladung gern, ***es sei denn,*** wir haben selbst Besuch.

etwas

1 1 Hier ist das Kleid, ***etwas*** Schöneres gibt es nicht.
8 Er dachte, ***etwas*** müsse geschehen.
8 Er glaubte, ***etwas*** davon könne er gebrauchen.

---

2 64 Er sagte vor Gericht wenig, ***etwas*** zu wenig über die Sache aus.

---

3 29 Er hatte vor, ***etwas*** später als sonst zu reiten.
38* Er versuchte, ***etwas*** später als sonst zu reiten.
39 Er versuchte deshalb, ***etwas*** später als sonst zu reiten.
30 Er hatte die Absicht, ***etwas*** zu lesen.
30 Er war bereit, ***etwas*** vorzulesen.
22 Er kam auf die Bühne, ***etwas*** unsicher wirkend.

---

4 88* Er kam, ***etwas*** zu spät, zu dem Empfang.
88* Kommen Sie morgen, ***etwas*** früher als sonst, zu mir.
86 Kommen Sie morgen wieder zu mir, ***etwas*** früher als sonst!
86 Zeigen Sie mir etwas anderes, ***etwas*** Neues!

4a 79/26* Er verließ uns ohne Abschied und von plötzlicher Eile getrieben, ***etwas*** früher als sonst.

es

Kommt *es* dir bekannt vor?

es sei denn, [daß]

etwas

–	Ich hatte ***etwas*** Schöneres noch nicht gesehen.
–	Jetzt muß ***etwas*** geschehen.
–	Er kann ***etwas*** davon gebrauchen.

–	Er sagte vor Gericht ***etwas*** zu wenig über die Sache aus.

37	Er schien ***etwas*** später als sonst zu reiten.
38*	Er versuchte ***etwas*** später als sonst zu reiten.

88*	Er kam ***etwas*** zu spät zu dem Empfang.
88*	Kommen Sie morgen ***etwas*** früher als sonst zu mir.
96	Diese ***etwas*** leidend aussehende Dame war seine Frau.

79/26*	Er verließ uns ohne Abschied und von plötzlicher Eile getrieben ***etwas*** früher als sonst.

geschweige denn/daß/denn, daß

58/16 Ich habe ihn nie gesehen, ***geschweige*** gesprochen.

58/16 Ich habe ihn nie gesehen, ***geschweige denn*** gesprochen.

58/16, 15 Wir kennen die Firma nicht, ***geschweige, daß*** wir je etwas bei ihr bestellt hätten.

8 Wir kennen die Firma nicht, ***geschweige daß*** wir je etwas bei ihr bestellt hätten.

58/16, 15 Wir haben keine Verbindung miteinander, ***geschweige denn, daß*** wir uns gesehen hätten.

gesetzt [daß]/[den Fall]/[den Fall, daß]/[, daß]

16, 15 ***Gesetzt, daß*** er kommt, will ihn der Direktor selbst empfangen.

16, 15 ***Gesetzt***, er kommt, so wird ihn der Direktor selbst empfangen.

16, 15 Weißt du ein anderes Geschenk, ***gesetzt***, das Buch ist vergriffen?

16, 15 Was werden Sie tun, ***gesetzt den Fall, daß*** auf der Autobahn ein Reifen platzt?

16, 15 Wo übernachten wir aber, ***gesetzt den Fall,*** es ist kein Zimmer frei?

gleich als [ob]/[wenn], gleichsam als [ob]/[wenn]

8 Die Fensterscheiben glänzten in der Abendsonne, ***gleich als ob*** Feuer im Hause wäre.

8 Der Tau funkelt im Grase, ***gleichsam als*** wären es Diamanten.

gleichviel [ob]/[wo] usw.

16, 8 Wir essen um 13 Uhr, ***gleichviel, ob*** du kommen magst oder nicht.

8 Wir essen um 13 Uhr, ***gleichviel ob*** du kommen magst oder nicht.

16, 8 Wir werden ihn finden, ***gleichviel, wo*** er sich verbergen mag.

8 Wir werden ihn finden, ***gleichviel wo*** er sich verbergen mag.

geschweige denn/daß/denn, daß

gesetzt [daß]/[den Fall]/[den Fall, daß]/
[, daß]

gleich als [ob]/[wenn], gleichsam als
[ob]/[wenn]

gleichviel [ob]/[wo] usw.

Hauptwörter

1	8	Er gab an, ***Nebelschwaden*** hätten die Sicht genommen.
	1	Die Vorstellung war ausverkauft, ***Eintrittskarten*** gab es nicht mehr.
	8	Sie ist der Meinung, ***Eintrittskarten*** seien noch zu haben.
	1	***Reden*** ist Silber, ***Schweigen*** ist Gold.

3	30	Er hat vor, ***Englisch*** zu lernen.
	38*	Er beginnt, ***Englisch*** zu lernen.
	39	Er beginnt jetzt, ***Englisch*** zu lernen.
	30	Sie nahm sich vor, ***Tiere*** zu pflegen.
	38*	Sie wünscht, ***Tiere*** zu pflegen.
	39	Sie wünscht so sehr, ***Tiere*** zu pflegen.
	33	Tiere zu pflegen, ***Renate*** wünschte es schon lange.
	22	Er ging durch den Wald, ***Pilze*** suchend.
	27	Er kam, ***Stöße*** von Zeitungen in der Hand, zu mir.

4	88*	Er geht jetzt, ***Tag für Tag,*** im Park spazieren.
	86	Er geht jetzt immer im Park spazieren, ***Tag für Tag.***
	86	Er liebt alle Tiere, ***Katzen*** aber nicht.
	86	Es müssen sich alle beteiligen, ***Kinder*** ausgenommen.
	91	Herr Müller, ***Beamter*** auf Lebenszeit, ist mit dieser Aufgabe betraut worden.
	91	Der Leutnant, ***Adjutant*** des Kommandanten, empfing mich.

4a	35/79*	Er kam krank und ohne einen Pfennig in der Tasche zu haben, ***Dienstag*** in die Stadt zurück.
	30	Er hielt sich, ohne zu fragen, ***Katzen*** in der Wohnung.
	8	Er will, sobald es geht, ***Urlaub*** machen.
	98	Hallo, ***Helmut!***

hinter

1	8	Das ist das Auto, ***hinter*** dem er warten mußte.
	8	Das ist das Auto, ***hinter*** dem er stand.

2	1, 65, 5	Vorn steht der Vorsitzende, ***hinter*** ihm sein Stellvertreter, ***hinter*** diesem der Syndikus des Verbandes.

Hauptwörter

– Alle diese im Vorverkauf ausgegebenen ***Eintrittskarten*** mußten zurückgenommen werden.

---

37 Er hat ***Englisch*** zu lernen.
38* Er beginnt ***Englisch*** zu lernen.

37 Sie hat ***Tiere*** zu pflegen.
38* Sie wünscht ***Tiere*** zu pflegen.

88* Er geht jetzt ***Tag*** für ***Tag*** im Park spazieren.
96 Alle diese ***Napoleons*** Machtpläne unterstützenden deutschen Fürsten waren Gegner Preußens.

35/79* Er kam krank und ohne einen Pfennig in der Tasche zu haben ***Dienstag*** in die Stadt zurück.

hinter

– Er hat ***hinter*** diesem Auto gewartet.
– Er stand ***hinter*** dem Auto.

10/70 Er bewirbt sich um das Amt des Vorsitzenden oder Kassierers oder ***hinter*** welchem Amt er auch immer her sein mag.

hinter

3	29	Er hat den Auftrag, ***hinter*** dem großen Auto zu warten.
	29	Er bekam den Befehl, ***hinter*** Stuttgart zu halten.
	38*	Er versuchte, ***hinter*** Stuttgart zu halten.
	39	Er versuchte dann, ***hinter*** Stuttgart zu halten.
	22	Er fuhr, ***hinter*** dem Lastwagen bleibend, sehr langsam weiter.
	27	Aber der Bürgermeister, ***hinter*** seiner Zeit zurück, war gegen die Eisenbahn.

4	88/95*	Er steht dort, ***hinter*** dem Baum.
	88*	Da vorn, ***hinter*** den Hügeln, liegt die Stadt.
	86	Da, ***hinter*** den Hügeln, liegt die Stadt.
	16	Er ging spazieren, ***hinter*** ihm sein Hund.

4a	11/79*	Er verhandelt mit einem Herrn Lehmann oder wie er sonst heiße mag, ***hinter*** meinem Rücken.
	35/79*	Sie arbeiteten fieberhaft und ohne sich stören zu lassen, ***hinter*** der Tankstelle an ihrem Auto.

hinunter

1	8	Er ist überzeugt, ***hinunter*** würde es etwas langsamer gehen.
	8	Er meint, ***hinunter*** könne er jetzt nicht fahren.
	1	Er will hierbleiben, ***hinunter*** zu euch kommt er später.

3	36	Er hatte die Absicht, ***hinauf*** zu laufen und ***hinunter*** zu fahren.
	30, 29	Er hatte die Absicht, ***hinauf*** zu laufen, ***hinunter*** aber zu fahren.
	29	Er hatte die Absicht, ***hinunter*** mit dem Bus zu fahren.
	38*	Er hofft, ***hinunter*** den Bus nehmen zu können.
	39	Er hoffte ursprünglich, ***hinunter*** den Bus nehmen zu können.
	29, 29	Er schlug vor, ***hinauf*** den Lift zu nehmen, ***hinunter*** den Fußweg zu benutzen.

4	86	Er geht meistens zu Fuß, ***hinunter*** immer.
	86	Dieser Weg ist gefährlich, ***hinunter*** ganz besonders.

hinter

37 Er hat ***hinter*** dem großen Auto zu warten.
41 Den Befehl zu halten bekam er ***hinter*** Stuttgart.
38* Er versuchte ***hinter*** Stuttgart zu halten.
37 Er hatte ***hinter*** Stuttgart zu halten.

88/95* Er steht dort ***hinter*** dem Baum.
88* Da vorn ***hinter*** den Hügeln liegt die Stadt.

11/79* Er verhandelt mit einem Herrn Lehmann oder wie er sonst heißen mag ***hinter*** meinem Rücken.
35/79* Sie arbeiteten fieberhaft und ohne sich stören zu lassen ***hinter*** der Tankstelle an ihrem Auto.

hinunter

– Hier können Sie nicht ***hinunter*** gehen!

---

34 Mit dem Bus wollen wir ***hinunterzufahren*** versuchen.
41 Er hatte die Absicht ***hinunterzufahren***.

37 Er scheint ***hinunter*** mit dem Bus zu fahren.
38* Er hofft ***hinunter*** den Bus nehmen zu können.

– Dieser Weg ist ***hinunter*** ganz besonders gefährlich.
96 Diese ***hinunter*** zu schnell fahrenden Autos schleuderten alle in der Kurve.

hinunter

4a	35/79*	Sie fuhren sehr langsam und ohne sich an die Anweisungen zu halten, ***hinunter*** zu den anderen.
	79*	Er ging trotz der vielen Hindernisse und obwohl wir einen Umwe machen mußten, ***hinunter*** sehr schnell.
	30	Er fuhr, ohne zu bremsen, ***hinunter***.

ich, du, er, sie, es usw.

1	1	***Er*** ruft, ***sie*** antwortet.
	1	***Er*** ruft ***uns, wir*** antworten.
	5	***Er*** ruft ***uns, ich*** kann es deutlich hören, etwas zu.
	8	***Er*** sagte ***uns, wir*** sollten ihn besuchen.
	8	***Er*** sagt, ***ihm*** sei es egal.
	8	***Er*** sagte ***ihr, er*** könne heute nicht kommen.
	12, 30	Gestern sagte ***er, er*** könne unmöglich kommen, ***ihm*** sei nämlich von seiner Mutter aufgetragen worden, ***ihr*** zu helfen.

2	85	Ihm, ***ihm*** allein gebührt die Ehre.
	85	Ich habe Sie, ***Sie*** gemeint!
	65	Er kam mir nichts, ***dir*** nichts ins Vorstandszimmer.

3	22	Er hatte, ***ihn*** schon lange beobachtend, endlich die Geduld verloren.
	30	Deshalb beschloß er, ***ihr*** zu schreiben.
	29	Deshalb beschloß er, ***ihr*** einen Brief zu schreiben.
	38*	Er versucht, ***sie*** zu erreichen.
	39	Er versucht bestimmt, ***sie*** zu erreichen.
	30	Er hatte daran gedacht, ***ihr*** zu schreiben.

4	91/86	Der Chef, ***er*** selbst, eröffnete die Sitzung.
	86	Ich werde es tun, ***ich*** ganz allein!
	16	Wir waren alle erschienen, ***er*** nicht.
	16	Wir alle, ***er*** wieder nicht, waren erschienen.
	97	Ja, ***ich*** kann es übernehmen!
	97	***Du***, sag doch etwas!
	98	Ach, ***ich*** habe es vergessen!

hinunter

35/79* Sie fuhren sehr langsam und ohne sich an die Anweisungen zu halten ***hinunter*** zu den anderen.
79* Er ging trotz der vielen Hindernisse und obwohl wir einen Umweg machen mußten ***hinunter*** sehr schnell.

ich, du, er, sie, es usw.

– ***Er*** ruft ***sie*** an.
– ***Er*** hat ***uns*** gemeint.

– Wir waren mit ***ihm*** im Kino.

– Er hatte ***ihn*** schon lange beobachtet.

41 Deshalb beschloß ***er*** zu schreiben.
37 Er pflegt ***ihr*** einen Brief zu schreiben.
37 Er scheint ***sie*** nicht angetroffen zu haben.
38* Er versucht ***sie*** zu erreichen.

– Der Chef hat selbst die Sitzung eröffnet.
– Ich werde es ganz allein tun.
– Alle außer ihm waren erschienen.
99 O ***du*** schöne Welt!

ich, du, er, sie, es usw.

4a 84 Dieser Mann, ***ich*** habe ihn gestern schon beobachtet.
84 Dieser Plan, ***mir*** kann er egal sein.

im Fall [,] daß/für den Fall, daß

8 Ich schreibe ***im Fall, daß*** ich verhindert bin. (= in dem Fall)
8 Ich schreibe nur, ***im Fall daß*** ich verhindert bin. (= falls ich verhindert bin)
8 ***Im Fall, daß*** er kommt, gib ihm diesen Brief. (= in dem Fall)
8 Gib ihm diesen Brief, ***im Fall daß*** er kommt. (= falls er kommt)
8 Die Vorschrift gilt nur ***im Fall, daß*** eine Lieferung ausbleibt. (= in dem Fall)
8 Die Vorschrift gilt nur ***für den Fall, daß*** eine Lieferung ausbleibt.
8 ***Für den Fall, daß*** er kommt, gebe ich dir diesen Brief.

in der Annahme (Erwartung, Hoffnung) daß

8 Ich warte ***in der Annahme (Hoffnung), daß*** du noch kommst.

insofern [als]

8 Ich schätze ihn, ***insofern*** er der einzige Fachmann ist.
8 Herr Meier kann frei entscheiden, ***insofern*** es seine Firma betrifft.
8 Dieses Buch ist gut, ***insofern*** es genau ist.

ja

1 1 Ich schätze ihn, ***ja*** ich verehre ihn.

---

3 30 Er nahm sich vor, ***ja*** zu sagen.
29 Er nahm sich vor, ***ja*** und amen zu sagen.
40 Er versprach, ***ja*** und amen zu sagen.

ich, du, er, sie, es usw.

im Fall [,] daß/für den Fall, daß

– *Im Fall* des Ausbleibens einer Lieferung gilt Absatz II.

in der Annahme (Erwartung, Hoffnung), daß

insofern [als]

8 Ich schätze ihn ***insofern, als*** er der einzige Fachmann am Platze ist.
8 ***Insofern*** [***als***] er der einzige Fachmann ist, ist er unentbehrlich. (= Weil er . . .)
8 ***Insofern, als*** er der einzige Fachmann ist, ist er unentbehrlich. (= in dieser Hinsicht)

ja

– Man erwartet das *ja* von mir.
– Man erwartet *ja* immer nur von mir zu schweigen.

---

37 Er braucht *ja* nicht zu allem *ja* zu sagen.
37 Er braucht *ja* nicht zu allem *ja* und amen zu sagen.
40 Er versprach *ja* für den Posten geeignet zu sein.

ja

4	97, 33	Euch zu helfen, *ja*, das ist mein Wunsch.
	97, 46	Zu verreisen, *ja*, darauf hatte er sich gefreut.
	97	*Ja*, das ist wahr! *Ja*, das stimmt. *Ja*, freilich ist er das!
	87, 99	Die wenigsten, *ja* nicht einmal die seiner eigenen Partei angehörenden Abgeordneten hörten ihm zu.
	36	Er war fest entschlossen, alles zu verkaufen, *ja* die ganze Firma aufzulösen.
	36, 97	Er war fest entschlossen, alles zu verkaufen, *ja*, die ganze Firma aufzulösen.
	63/65	Er hatte ein grobes, *ja* häßliches Gesicht.
	64	Niemand, *ja* nicht einmal sein Lehrer hat ihn überzeugen können.
	58, 99	Er ist klug, *ja* geradezu genial.
	97, 1	Er ist klug, *ja*, er ist geradezu genial.
	97	*Ja*, das wird gehen!

4a	30	Er hat die Aufgabe, uns abzuholen, *ja* nicht allein übernommen.

je nachdem [,] [ob]/[wie]

1	8	Er kann, ***je nachdem*** er will, Schnitzel oder Roulade bekommen.
	8	Wir entscheiden uns, ***je nachdem ob*** er kommt.
	8	Wir entscheiden uns, ***je nachdem, ob*** er kommt.

4	88*	Er kann, ***je nachdem,*** Schnitzel oder Roulade bekommen.
	8	Ich werde telefonieren oder schreiben, ***je nachdem ob*** die Sache eilig ist oder nicht.
	16, 8	Ich werde telefonieren oder schreiben, ***je nachdem, ob*** die Sache eilig ist oder nicht.
	16, 8	***Je nachdem, ob*** vier oder fünf Zahlen richtig sind, fallen die Gewinne sehr verschieden aus.
	16, 8	***Je nachdem, wie*** man den Satz verstehen will, kann man ein Komma vor oder hinter das Adverb setzen.

kaum [,] daß

8	Und ***kaum, daß*** sie zu Hause war, wollte sie schon wieder weg.
8	Er reiste ab, ***kaum daß*** ich ihn näher kennengelernt hatte.
8	Es war sehr still im Wald, ***kaum daß*** man einen Vogel hörte.

ja

32 Euch zu helfen ist ***ja*** mein größter Wunsch.
96 Diese ***ja*** noch nicht einmal angemeldeten Autos wurden verkauft.
99 Ach ***ja!*** Nun ***ja.*** ***Ja*** freilich! ***Ja*** sicher. ***Jaja.***
– Laß das Kind ***ja*** nicht fallen!

– Es geht ***ja!***

– Er hat es ***ja*** nicht allein übernommen.

je nachdem [,] [ob]/[wie]

– Dieses Wort wird ***je nachdem*** groß oder klein geschrieben.

88* Er kann ***je nachdem*** Schnitzel oder Roulade bekommen.
– Ich werde ***je nachdem*** telefonieren oder schreiben.

– Die Gewinne fallen ***je nachdem*** sehr verschieden aus.

– Man kann das Komma ***je nachdem*** vor oder hinter das Adverb setzen.

kaum [,] daß

– Er war ***kaum*** zu Hause.
– Wir hatten uns ***kaum*** kennengelernt.
– Man hörte im Wald ***kaum*** einen Vogel singen.

kaum [,] daß

16, 8	***Kaum, daß*** er das Buch vollendet hatte, schrieb er ein neues.
8	***Kaum daß*** er das Buch vollendet hatte, schrieb er ein neues.

mich, dich, ihn (Personalpronomen), sich (Reflexivpronomen)

1	1	Er verließ die Ausstellung frühzeitig, ***mich*** hatte sie jedoch länger gefesselt.
	8	Ich dachte immer, ***dich*** würde das interessieren.
2	16	Diese Ausstellung hat mich interessiert, ***dich*** nicht.
	54	Nicht nur mich, ***dich*** geht es doch auch an!
	85	Mich, ***mich*** solltest du anrufen!
3	38*	Er bat, ***sich*** die Sache überlegen zu dürfen.
	39	Er bat darum, ***sich*** die Sache überlegen zu dürfen.
	38*	Sie wünschen, ***sich*** zu ergeben.
	38*	Sie beginnen, ***sich*** zu ergeben.
	39	Sie wünschen sehnlich, ***sich*** zu ergeben.
	39	Sie beginnen schon, ***sich*** zu ergeben.
	30	Sie beschlossen, ***sich*** zu ergeben.
	30	Sie hatten vor, ***sich*** zu ergeben.
	30	Sie hatten die Absicht, ***sich*** zu ergeben.
	30	Es war für ihn nicht einfach, ***sich*** zu entscheiden.
	39	Er gestattet es, ***uns*** zu besuchen.
	30	Er gestattet es uns, ***euch*** zu besuchen.
	22	Er hatte, ***sich*** selbst lobend, diese Sache vorgebracht.
	27	Er hatte, ***sich*** selbst am nächsten, die anderen benachteiligt.
	31/49	Er befahl, ***uns*** anschließend zu fahren.
	30	Sie bemühten sich, ***uns*** zu verständigen.
	30	Ihre Bemühungen, ***sich*** zu verständigen, waren erfolglos.
	39	Er versteht es, ***sich*** zu benehmen.
	22	Er hatte, ***sich*** nicht um die Vorschrift kümmernd, die Gleise überschritten.
	22	Er bevorzugte Ausstellungen, ***sich*** für solche Dinge interessierend.
4	97	Jawohl, ***dich*** wird das auch interessieren!
	98	Oh, ***uns*** ist das egal!
	16	Das interessiert doch jeden, ***uns*** auch!
	86	Er muß sich erst einmal selbst bessern, ***sich*** selbst!
	84	Diese Ausstellung, ***mich*** hat sie sehr interessiert.

kaum [,] daß

– Er hatte das Buch ***kaum*** vollendet.

mich, dich, ihn (Personalpronomen), sich (Reflexivpronomen)

– Ich wollte ***dich*** für die Ausstellung interessieren.

– Diese Ausstellung hat ***dich*** nicht interessiert.

38* Er bat ***sich*** die Sache überlegen zu dürfen.

38* Sie wünschen ***sich*** zu ergeben.
38* Sie beginnen ***sich*** zu ergeben.

37 Sie haben ***sich*** zu ergeben.
37 Sie scheinen ***sich*** zu ergeben.
37 Sie scheinen ***sich*** nicht zu ergeben.
37 Sie brauchen ***sich*** nicht zu ergeben.

28 Er hatte ***sich*** lobend über die Sache geäußert.
37 Sie hatten ***sich*** zu verständigen.
34 Sie hatten ***sich*** zu verständigen beschlossen.
37 Er scheint ***sich*** nicht mehr zu erinnern.

---

96 Einige ***mich*** interessierende Ausstellungen waren angekündigt.

Name, Adresse, Datum

93 ***Dr. Remberg, Industrieller aus Köln, Konsul von Guatemala,*** hat eben den Salon betreten.

94* ***Dr. Müller, der Direktor,*** und ***ich*** mußten verhandeln. (2 Personen)

95* Unser Mittelstürmer, ***Gerhard Brückner***, hat wieder drei Tore geschossen.

76* ***Mechthild Meier***, geb. ***Schlott***, verw. ***Schmidt***.

100 ***Helmut***, geh sofort nach Hause!

100 Ich versichere Ihnen, ***sehr geehrte Herren***, daß der Auftrag pünktlich ausgeliefert wird.

101 ***Sehr geehrter Herr Schmidt***,

meinen Auftrag Nr. 137 möchte ich noch um 2 000 Stück erhöhen.

80 ***Professor Justus Mahr, Frankfurt, Schweizer Platz 9, Parterre.***

91/83 Er besuchte mich am ***Mittwoch***, dem ***2. Mai***, im Krankenhaus.

78/82 Er besuchte mich am ***Mittwoch***, den ***2. Mai*** im Krankenhaus.

83/95 Er besuchte mich ***Freitag***, den ***2. Mai***(,) im Krankenhaus.

83/95 Er besuchte mich ***Freitag, 2. Mai***(,) im Krankenhaus.

nämlich [,] [daß]/[wenn]

1

8 Er schreibt ***nämlich, daß*** er Ihren Wagen beim Wenden gestreift hat.

8 Ich muß Ihnen noch etwas gestehen, ***nämlich daß*** ich Ihren Wagen leicht beschädigt habe.

8 Die Schlucht ist oft unpassierbar, ***nämlich wenn*** Hochwasser ist.

3

30 Ich habe noch etwas vor, ***nämlich*** zu schreiben.

29 Er hat seine Absicht, ***nämlich*** zu kündigen, erst heute bekanntgegeben.

4

88/95* Ich gehe jetzt, ***nämlich*** nach Hause.

58/86 Ich fahre noch in dieser Woche, ***nämlich*** morgen.

58/86 Sein Freund ist Künstler, ***nämlich*** Musiker.

Name, Adresse, Datum

93 *Dr. Remberg, Industrieller aus Köln* und *Konsul von Guatemala,* hat eben den Salon betreten.
94* *Dr. Müller, der Direktor* und *ich* mußten verhandeln. (3 Personen)
95* Unser Mittelstürmer *Gerhard Brückner* hat wieder drei Tore geschossen.
76* *Mechthild Meier* geb. *Schlott* verw. *Schmidt*

77 *Professor Justus Mahr*
6 Frankfurt am Main
Schweizer Platz 9

130/181	Hochachtungsvoll Hans Schulz	Es grüßt Dich herzlich Dein Hans
130/181	Wir verbleiben mit bester Empfehlung Meier & Sohn	Mit besten Wünschen Dein Hans
182	Glück auf! BERGWERK CHARLOTTE	Ich freue mich auf unser Wiedersehen! Dein Hans

nämlich [,] [daß]/[wenn]

– Die Schlucht ist *nämlich* bei Hochwasser unpassierbar.

---

37 Ich habe *nämlich* zu schreiben.
37 Ich habe *nämlich* einen Brief zu schreiben.
41 Er hat seine Absicht zu kündigen *nämlich* erst heute bekanntgegeben.

88/95* Ich gehe jetzt *nämlich* nach Hause.
– Ich fahre *nämlich* morgen.
– Sein Freund ist *nämlich* Musiker.

nämlich [,] [daß]/[wenn]

4 86 Er war bei uns beschäftigt, ***nämlich*** als Bote.
86/62 Er ist viel zu spät, ***nämlich*** erst heute, zum Arzt gegangen.
91 Der Verwalter, ***nämlich*** mein Onkel, wird nicht gefragt.
93 Die Vorstandsmitglieder, ***nämlich*** die Herren Schmidt und Schaller, waren schon da.
87/64 Die anderen, ***nämlich*** die zu spät angekommenen Theaterbesucher(,) mußten draußen bleiben.
Ich habe noch etwas zu schreiben, ***nämlich*** einen Brief.
86 Er nahm ebenfalls an der Sitzung teil, ***nämlich*** als Schriftführer.

4a 11/79* Er schildert seine Geschäftsreisen und was er sonst alles erlebt hat, ***nämlich*** immer sehr ausführlich.

nicht

1 8, 16 Ich komme, weil es mein Vater wünscht, ***nicht***, weil du mich brauchst.
1 Wir fahren heute, ***nicht*** immer ist das Wetter so schön.
8 Er meinte, ***nicht*** immer sei das Wetter so schön.

---

2 65 Wir fahren ***nicht*** heute, ***nicht*** morgen und ***nicht*** übermorgen.

---

3 30 Er hat sich vorgenommen, ***nicht*** zu rauchen.
29 Er hat sich vorgenommen, ***nicht*** mehr so viel zu rauchen.
39 Er versucht jetzt, ***nicht*** mehr so viel zu rauchen.
38* Er versucht, ***nicht*** mehr so viel zu rauchen.
30 Es ist besser, ***nicht*** zu gehen.
29 Ich bitte dich, ***nicht*** zu spät zu kommen!
22 Er verließ, ***nicht*** ärmer geworden, die Spielbank.
27 Herr Meier, ***nicht*** abergläubisch, ging mutig hinaus.

---

4 88* Er sprach, ***nicht*** so sicher wie früher, zu den Geschworenen.
88* Herr Müller kam, ***nicht*** gerade langsam, um die Ecke.
87 Einige, ***nicht*** aber die geringfügigen Vorstrafen des Zeugen interessierten das Gericht.

nämlich [,] [daß]/[wenn]

– Er war ***nämlich*** als Bote bei uns beschäftigt.
– Er ist ***nämlich*** erst heute zum Arzt gegangen.

– Er nahm ***nämlich*** als Schriftführer teil.

11/79* Er schildert seine Geschäftsreisen und was er sonst alles erlebt hat ***nämlich*** immer sehr ausführlich.

nicht

– Wir fahren heute ***nicht*** wieder in die Stadt.

– Wir fahren überhaupt ***nicht*** wieder weg.

---

41 Er hat ***nicht*** das Bedürfnis zu rauchen.
41 Er hat ***nicht*** mehr das Bedürfnis zu rauchen.
41 Er hat ***nicht*** mehr so oft das Bedürfnis zu rauchen.
38* Er versucht ***nicht*** mehr so viel zu rauchen.
37 Er scheint ***nicht*** zu rauchen.
37 Er scheint ***nicht*** mehr so viel zu rauchen.

88* Er sprach ***nicht*** so sicher wie früher zu den Geschworenen.

88* Herr Müller kam ***nicht*** gerade langsam um die Ecke.
96 Einige ***nicht*** immer als geringfügig anzusehende Vorstrafen des Zeugen interessierten das Gericht.

nicht

4	91/27	Herr Schmidt, ***nicht*** gerade ein Unbekannter am Spieltisch, setzte hohe Summen.
	86/56, 8	Er hat zwar den Wunsch spazierenzugehen, ***nicht*** aber, wenn es regnet.
	86	Er kommt oft, ***nicht*** täglich.
	86	Sie ist größer, ***nicht*** kleiner.
	86	Er ist Amtmann, ***nicht*** Oberinspektor.
	86	Ich habe nichts gegen ihn, ***nicht*** im geringsten.

4a	35/79*	Er ging ohne Rock und Hut und ohne den Schirm mitzunehmen, ***nicht*** einmal in den Garten.
	11/79*	Er verkaufte das Fabrikgelände, die angrenzenden Wiesen und was sonst noch alles dazugehörte, ***nicht*** gerade billig.
	30	Er wollte, ohne anzurufen, ***nicht*** weiterfahren.

nicht daß/weil

8	Ich tadele ***nicht, daß*** er raucht.
8	Ich mag ihn ***nicht, weil*** er so viel redet.

[weder-] noch

1	2	Ich kann ***weder*** am Samstag kommen, ***noch*** kann ich für Sonntag zusagen.
	8, 55	Ich kann ***weder*** am Samstag kommen, weil ich Besuch habe, ***noch*** für Sonntag zusagen.
	12	Er teilte mit, er könne ***weder*** am Samstag kommen, ***noch*** passe es ihm am Sonntag.
	1	Es ist noch nicht zu spät, ***noch*** geht es.
	1	Er kann es erlernen, ***noch*** ist er jung.

2	68	Ich kann ***weder*** am Samstag, ***weder*** am Sonntag ***noch*** am Montag kommen.
	68	Ich kann ***weder*** am Samstag ***noch*** am Sonntag, ***noch*** am Montag kommen.

nicht

35/79* Er ging ohne Rock und Hut und ohne den Schirm mitzunehmen ***nicht*** einmal in den Garten.

11/79* Er verkaufte das Fabrikgelände, die angrenzenden Wiesen und was sonst noch alles dazugehörte ***nicht*** gerade billig.

nicht daß/weil

8 ***Nicht daß*** er raucht, stört mich an ihm, ***sondern daß*** er dauernd seine Pfeife putzt.

8 ***Nicht weil*** er raucht, habe ich das Zimmer gewechselt, ***sondern weil*** er soviel redet.

– ***Nicht daß*** ich wüßte.

[weder-] noch

8, 55 Er teilte mit, er könne ***weder*** am Samstag ***noch*** am Sonntag kommen.

8, 55 Er teilte mit, er könne ***weder*** am Samstag kommen ***noch*** für Sonntag zusagen.

---

55 ***Weder*** heute ***noch*** morgen wird er kommen.

55 Ich komme ***weder*** am Samstag ***noch*** am Sonntag.

55 Ich kann ***weder*** am Samstag ***noch*** am Sonntag kommen.

[weder-] noch

3 30 Er hat die Absicht, ***noch*** zu kommen.
29 Er hat die Absicht, ***noch*** heute zu kommen.
38* Er hofft, ***noch*** anzukommen.
38* Er hofft, ***noch*** heute anzukommen.
39 Er hofft fest, ***noch*** anzukommen.
39 Er hofft fest, ***noch*** heute anzukommen.
39 Wir hoffen, ***noch*** heute alles klären zu können, und grüßen Sie . . .

29, 29 Er hat ***weder*** zugesagt, am Samstag hinzugehen, ***noch*** beabsichtigt, am Sonntag zu verreisen.
29, 41 Er hat ***weder*** zugesagt, am Sonntag hinzugehen, ***noch*** beabsichtigt zu verreisen.

---

4 88* Kommen Sie bitte, ***noch*** im Laufe des Tages, zu mir.
86 Kommen Sie bitte zu mir, ***noch*** im Laufe des Tages!
88* Er kam eben, ***noch*** aufgeregter als sonst, aus seinem Büro.
86 Er kam eben aus seinem Büro, ***noch*** aufgeregter als sonst.
87 Nur wenige, ***noch*** nicht einmal die besonders geeigneten Mitarbeiter waren wiedergekommen.
91 Herr Müller, ***noch*** immer Vorsitzender des Verbandes, eröffnete die Sitzung.

notfalls

1 1 Wir warten noch fünf Minuten auf den Bus, ***notfalls*** gehen wir zu Fuß.
8 Er war der Meinung, ***notfalls*** könnten wir zu Fuß gehen.
8 Er sagte, ***notfalls*** ginge er allein.

[weder-] noch

41	Er hat ***noch*** die Absicht zu kommen.
41	Er hat ***noch*** immer die Absicht zu kommen.
38*	Er hofft ***noch*** anzukommen.
38*	Er hofft ***noch*** heute anzukommen.
37	Er hat ***noch*** heute zu kommen.
37, 55	Er scheint ***weder*** am Samstag hinzugehen ***noch*** für Sonntag zuzusagen.
38, 55	Er wünscht ***weder*** am Samstag hinzugehen ***noch*** für Sonntag zuzusagen.
39, 55	Er wünscht jetzt, ***weder*** am Samstag hinzugehen ***noch*** für Sonntag zuzusagen.
29, 55	Er hatte beschlossen, ***weder*** am Samstag ***noch*** am Sonntag hinzugehen.
35, 55	Er hatte beschlossen, ***weder*** am Samstag hinzugehen ***noch*** für Sonntag zuzusagen.
44, 55	Er hatte beschlossen, ***weder*** hinzugehen ***noch*** zuzusagen.
55, 41	Er hat ***weder*** beabsichtigt ***noch*** zugesagt hinzugehen.
55, 29	Er hat ***weder*** beabsichtigt ***noch*** zugesagt, am Samstag oder Sonntag hinzugehen.

88*	Kommen Sie bitte ***noch*** im Laufe des Tages zu mir.
88*	Er kam eben ***noch*** aufgeregter als sonst aus seinem Büro.
96	Diese ***noch*** mit dem Nachtzug angekommenen Teilnehmer sollen sofort untergebracht werden.

notfalls

–	Wir gehen ***notfalls*** zu Fuß.

notfalls

3 30 Er ist bereit, ***notfalls*** zu laufen.
29 Er ist bereit, ***notfalls*** auch mit uns zu laufen.
50 Er ist bereit, ***notfalls*** zu laufen oder mit dem Zug zu fahren.
38* Er hofft, ***notfalls*** mit uns zu fahren.
39 Er hofft fest, ***notfalls*** mit uns zu fahren.
52 Er hatte gedroht, ***notfalls*** zur Polizei zu gehen.

---

4 87 Alle diese, ***notfalls*** auch die noch nicht unmittelbar bedrohten Häuser waren zu räumen.
88* Wir fahren, ***notfalls*** etwas langsamer, auf den Nebenstraßen.
88* Rufen Sie, ***notfalls*** jede halbe Stunde, bei mir an.
86 Ich stehe Ihnen jederzeit zur Verfügung, ***notfalls*** auch abends.
86 Setzen Sie drei Mann dafür ein, ***notfalls*** alle.
27 Herr Döring, ***notfalls*** dazu bereit, wollte sich die Sache überlegen.
41, 86 Er war fest entschlossen abzureisen, ***notfalls*** allein.

4a 79* Er fährt ohne Pause und ohne zu ermüden, ***notfalls*** die ganze Nacht hindurch.
44 Er muß seine Gewohnheit, zu spielen, zu trinken und zu rauchen, ***notfalls*** eben aufgeben.
30 Er muß, um vorwärtszukommen, ***notfalls*** nachts arbeiten.
48/86 Seine Absicht war, abzureisen, ***notfalls*** allein.
97, 16 Ja, ***notfalls*** zu Fuß.

nun

1 1 Fahren Sie, ***nun*** geht es endlich weiter!
8 Fahren Sie, ***nun*** müßte es endlich gehen!

---

3 30 Sind Sie bereit, ***nun*** zu fahren?
29 Sind Sie bereit, ***nun*** endlich zu fahren?
50 Sind Sie bereit, ***nun*** zu starten und zu fahren?
27 Sein eigenes Auto, ***nun*** wieder fahrbereit, war ihm lieber.
33 Die Arbeit zu vollenden, ***nun*** war es sein größter Wunsch.

notfalls

41 Er ist ***notfalls*** bereit zu laufen.
37 Er vermag ***notfalls*** auch mit uns zu laufen.
51 Er vermag ***notfalls*** zu laufen oder mit dem Zug zu fahren.

38* Er hofft ***notfalls*** mit uns zu fahren.
37 Er braucht ***notfalls*** nur kurz vorbeizukommen.

---

96 Diese ***notfalls*** von ihren Bewohnern zu räumenden Gebäude sind auf einer Liste verzeichnet.
88* Wir fahren ***notfalls*** etwas langsamer auf den Nebenstraßen.

88* Rufen Sie ***notfalls*** jede halbe Stunde bei mir an.
– Ich stehe Ihnen ***notfalls*** auch abends zur Verfügung.

– Setzen Sie ***notfalls*** alle Männer dafür ein.
– Herr Döring ist ***notfalls*** dazu bereit.

79* Er fährt ohne Pause und ohne zu ermüden ***notfalls*** die ganze Nacht hindurch.

nun

– Fahren Sie ***nun*** endlich weiter!

---

37 Er hat ***nun*** endlich zu fahren!
51 Er hat ***nun*** zu starten und zu fahren!
– Sein eigenes ***nun*** wieder fahrbereites Auto war ihm lieber.

32 Die Arbeit zu vollenden war ***nun*** sein größter Wunsch.

nun

3

38* Er glaubt, ***nun*** abreisen zu müssen.
39 Er glaubt bestimmt, ***nun*** abreisen zu müssen.

---

4 87 Alle diese, ***nun*** sogar auch die anfangs zweifelnden Delegierten stimmten dafür.
88* Er fuhr, ***nun*** nicht mehr so siegessicher, weiter.
88* Nehmen Sie, ***nun*** auch abends, zwei Tabletten.
91 Herr Schaller, ***nun*** Abteilungsleiter, erhielt ein eigenes Büro.
86/56 Machen Sie es gleich noch einmal, ***nun*** aber richtig!

4a 79* Er musterte uns unverhohlen und ohne sich um die anderen zu kümmern, ***nun*** schon einige Minuten.
29 Er konnte sein Ziel, Arzt zu werden, ***nun*** nicht mehr erreichen.
30 Er konnte die Aufgabe, ohne abzuschreiben, ***nun*** nicht mehr vollenden.
44 Er mußte seine Sonntagsbeschäftigung, zu schlafen, zu lesen und zu schreiben, ***nun*** doch aufgeben.
46 Abzureisen, ***nun*** freute er sich darauf.
97/16 Ja, ***nun*** endlich!

obwohl

1 13 Wir behalten den Hund, ***obwohl*** er beißt und ***obwohl*** die Kinder vor ihm Angst haben.
8 Wir behalten den Hund, ***obwohl*** er beißt.

15 Er fuhr weg, ***obwohl*** er wußte, wie es stand.

8 Er kam, ***obwohl*** er krank war, in mein Büro.

---

4 91 Herr Barget, ***obwohl*** Prokurist, durfte nicht unterschreiben.
86 Schließlich hat er zugestimmt, ***obwohl*** unter Vorbehalt.

nun

34 Seine Arbeit hat er ***nun*** zu vollenden versucht.
31/49 Er bat ***nun*** auch uns, zu fahren.
49/31 Unser Wunsch ist ***nun***, beizutreten.
38* Er glaubt ***nun*** abreisen zu müssen.

---

96 Alle diese ***nun*** ebenfalls stimmberechtigten Delegierten waren dagegen.
88* Er fuhr ***nun*** nicht mehr so siegessicher weiter.
88* Nehmen Sie ***nun*** auch abends zwei Tabletten.
– Herr Schaller ist ***nun*** Abteilungsleiter.

– Machen Sie es ***nun*** aber richtig.

79* Er musterte uns unverhohlen und ohne sich um die anderen zu kümmern ***nun*** schon einige Minuten.

obwohl

13 Wir behalten den Hund, ***obwohl*** er beißt und ***obwohl*** die Kinder vor ihm Angst haben.
9 Wir behalten den Hund, und ***obwohl*** er beißt, legen wir ihn nicht an die Kette.
11/79 Er kam pflichtgemäß und ***obwohl*** er krank war(,) in mein Büro.
9 Er kam, und ***obwohl*** er krank war, tat er seine Pflicht.

[entweder-] oder

1 22/2 ***Entweder*** steht er noch unten, auf unseren Anruf wartend, ***oder*** er ist bereits auf dem Wege hierher.

2 Er ist entweder dumm, ***oder*** er ist faul.

2 Ich rufe entweder an, ***oder*** ich schreibe.

2 Ich nehme entweder den Omnibus, ***oder*** ich suche mir ein Taxi.

9 Er las ein Buch, ***oder*** wenn es etwas Schönes im Kino gab, ging er dorthin.

2 Sollen wir schon anfangen, ***oder*** müssen wir erst aufräumen?

2 Er kommt heute um 17 Uhr, ***oder*** er ruft morgen früh um 8 Uhr an.

1 Sie können mit dem Bus fahren, ***oder*** Sie müssen laufen.

2

---

3 44 Er ist bereit, ***entweder*** zu verkaufen ***oder*** zu vermieten.

---

4 91 Sein Vater, der Konsul, ***oder*** sein Bruder, der Anwalt, ist bei ihm. (2 Personen)

[entweder-] oder

11 Er kam aus eigenem Antrieb ***oder*** weil ihn sein Freund dazu aufgefordert hatte.
11 Er gab es seinem Bruder ***oder*** Onkel ***oder*** wer es auch immer gewesen sein mochte.
11 Geben Sie es dem jungen Mann ***oder*** dem Monteur ***oder*** wem es sonst noch gehören könnte.
13 Es steht noch nicht fest, ob er mit uns fährt ***oder*** ob er später nachkommt.
13 Sagen Sie ihm, daß er ***entweder*** noch heute kommen muß ***oder*** daß sich die Sache sonst erledigt hätte.
13/15 Sagen Sie ihm, daß ich komme ***oder*** daß ich jemanden schicke, sobald ich Zeit habe ***oder*** sobald ich abgelöst werde.
3 Er liest ***oder*** er schläft.
3 Kommt er ***oder*** geht er?
3 Es regnet ***oder*** es schneit.

---

57 Sie können ***entweder*** jetzt diesen Zug nehmen ***oder*** in 30 Minuten mit dem Bus fahren.
55 Er kommt heute ***oder*** morgen ***oder*** erst übermorgen.
68 Ich komme ***entweder*** noch heute ***oder*** morgen ***oder*** spätestens übermorgen.
68 ***Entweder*** nehmen Sie den Bus ***oder*** ein Taxi ***oder*** einen Mietwagen.
55 Er kommt heute ***oder*** morgen.
55 Er kommt heute ***oder*** morgen zu mir.
55/4 Sollen wir schon anfangen ***oder*** erst aufräumen?
57/67 Ich nehme ***entweder*** den Omnibus ***oder*** ein Taxi.
57/67 Ich komme ***entweder*** heute ***oder*** morgen.
57/67 Er ist ***entweder*** dumm ***oder*** aber faul.
73 Wir verweisen auf § 99 Abs. 4 ***oder*** § 22 Abs. 3 Satz 4 des Gesellschaftsvertrages.
16/68 ***Entweder*** heute ***oder*** morgen ***oder*** überhaupt nicht!

29, 57 Er ist bereit, die Maschine ***entweder*** zu kaufen ***oder*** zu mieten.
29, 35 Er kommt morgen, um die Maschine zu kaufen ***oder*** um sie zu mieten.
44 Er ist bereit, zu kaufen ***oder*** zu mieten.

---

94 Sein Vater, der Konsul ***oder*** sein Bruder ist bei ihm. (3 Personen)

[entweder-] oder

4	88*	Er, ***oder*** auch sein Bruder, und seine Frau sind die Eigentümer.
	88*	Ich sah ihn, ***oder*** aber seine Frau, am Fenster.
	88/95*	Am Tor stand ein Bediensteter, ***oder*** er selbst.
	91/83*	Er kommt am Freitag, dem 4. Juni, ***oder*** am Samstag, dem 5. Juni, in München an.
	83*	Er kommt Freitag, den 4. Juni, ***oder*** Samstag, den 5. Juni(,) in München an.
	61, 69*	Es handelt sich um synthetische Stoffe(,) wie Nylon, Perlon, Orlon o. ä., ***oder*** um Baumwolle.
	16	Kommt er heute, ***oder*** wann?

4a	8	***Entweder*** ist er noch unten, weil er auf unseren Anruf wartet, ***oder*** bereits auf dem Wege hierher.
	8	Ich komme heute mittag, wenn ich Zeit habe, ***oder*** erst morgen früh.

ohne [daß]/[zu]

1	1	Er blieb dort, ***ohne*** Genehmigung durfte er nicht fahren.
	1	Er fuhr zurück, ***ohne*** Genehmigung war es zwecklos.
	8	Er unterschrieb den Vertrag, ***ohne*** den es nicht ging.
	8	Er dachte, ***ohne*** Genehmigung sei es zwecklos.
	8	Er stand auf, ***ohne daß*** er den Vertrag unterschrieben hätte.
	8	Er ging, ***ohne daß*** er uns gegrüßt hätte.

3	30	Er stand auf, ***ohne*** zu unterschreiben.
	29	Er stand auf, ***ohne*** den Vertrag zu unterschreiben.
	30	Er ging, ***ohne*** zu grüßen.
	29	Er ging, ***ohne*** uns zu grüßen.
	30	Er fuhr in die Kurve, ***ohne*** zu bremsen.
	30	Er fuhr, ***ohne*** zu bremsen, in die Kurve.
	30	***Ohne*** zu bremsen, fuhr er in die Kurve.
	38*	Er wünscht, ***ohne*** dich zu fahren.
	39	Er wünscht entschieden, ***ohne*** dich zu fahren.
	31	Sie beschlossen, ***ohne*** uns hinzufahren.
	31	Sie beschlossen ***ohne*** uns, hinzufahren.

[entweder-] oder

88* Er ***oder*** auch sein Bruder und seine Frau sind die Eigentümer.

88* Ich sah ihn ***oder*** aber seine Frau am Fenster.
88/95* Am Tor stand ein Bediensteter ***oder*** er selbst.
78/83* Er kommt am Freitag, den 4. Juni ***oder*** am Samstag, den 5. Juni in München an.
83* Er kommt Freitag, den 4. Juni ***oder*** Samstag, den 5. Juni(,) in München an.
61, 69* Es handelt sich um synthetische Stoffe wie Nylon, Perlon, Orlon o. ä. ***oder*** um Baumwolle.

55, 8 Ich komme heute ***oder***, wenn es geht, morgen.

ohne [daß]/[zu]

– Wir konnten ***ohne*** Genehmigung nichts unternehmen.

– Ich mußte ***ohne*** seine Unterschrift nach Hause fahren.

– Er ging ***ohne*** Gruß wieder hinaus.

---

32 ***Ohne*** ihn zu fahren war mein Wunsch.
37 Sie scheinen ***ohne*** ihn zu fahren.
38* Er wünscht ***ohne*** dich zu fahren.

ohne [daß]/[zu]

4 86 Er ging, [aber] ***ohne*** Gruß!
88* Er arbeitete sich, ***ohne*** Rücksicht auf andere und ***ohne*** fremde Hilfe, wieder empor.
88* Und wieder kam er, ***ohne*** einen roten Heller in der Tasche, zu mir.
88/95* Er verließ uns, ***ohne*** jeden Grund.

87 Sehr erhebliche, ***ohne*** Zweifel absichtlich verursachte Beschädigungen mußten repariert werden.
86 Er ist es, ***ohne*** Zweifel!
86 Er ließ es zu, ***ohne*** weiteres.
86 Eines Tages hat er uns verlassen, ***ohne*** jeden Grund.

so

1 8 Dabei machte er es, ***so*** gut es ging.
8 Dabei machte er es, ***so*** gut es möglich war.
8 Kam er nach Hause, ***so*** wollte er gleich Kaffee haben.
1 Er hat die Ware bestellt, [*al*]***so*** muß er sie auch bezahlen.
8 Hat er die Ware bestellt, ***so*** muß er sie auch bezahlen.
16 Er war, wenn nicht zufrieden, ***so*** doch beruhigt.
1 Das ist nicht möglich, ***so*** hat er es nicht gemeint.
8 Er nahm an, ***so*** ginge es.
8 Bringen Sie es, ***so*** schnell es geht, auf Zimmer 14.

---

2 65 Er arbeitet so schnell, ***so*** gut und so sicher wie die anderen.

---

3 30 Er hat vor, ***so*** zu fahren.
29 Er hat vor, ***so*** weit zu fahren(, daß er das Meer sehen kann).
29 Sie fand es schön, ***so*** weit zu fahren.
38* Sie wünschte, ***so*** weit zu fahren.
39 Sie wünschte sich, ***so*** weit zu fahren.

ohne [daß]/[zu]

– Er ging ***ohne*** Gruß.
88* Er arbeitete sich ***ohne*** Rücksicht auf andere und ***ohne*** fremde Hilfe wieder empor.
88* Und wieder kam er ***ohne*** einen roten Heller in der Tasche zu mir.

88/95* Er verließ uns ***ohne*** jeden Grund.
96 Für diese ***ohne*** meine ausdrückliche Zustimmung erfolgte Lieferung übernehme ich keine Garantie.
96 Diese ***ohne*** Zweifel absichtlich verursachten Beschädigungen müssen auf seine Kosten repariert werden.

so

8 Dabei machte er es ***so*** gut, wie es ging.
8 Dabei machte er es ***so*** gut, wie es möglich war.
8 Dabei machte er es ***so*** gut, wie es die anderen Angestellten machten.

– Es ist ***so*** oder ***so*** falsch.
– Dabei machte er es ***so*** gut.
59 Dabei machte er es ***so*** gut wie möglich.
59 Dabei machte er es ***so*** gut wie die anderen Angestellten.

---

41 Sie fand es ***so*** schön zu fahren.
– Er will ***so*** weit fahren (,daß er das Meer sehen kann).

37 Sie hatte ***so*** weit zu fahren.
38* Sie wünschte ***so*** weit zu fahren.

so

4 88* Kommen Sie, ***so*** gegen Mittag, in mein Büro.
88* Fahren Sie, ***so*** vorsichtig wie möglich, über diese Brücke.
87 Die meisten, ***so*** vor allem die auswärtigen Schüler durften früher gehen.
86 Kommen Sie etwas später, ***so*** gegen Mittag, in mein Büro.
86 Fahren Sie langsam, ***so*** vorsichtig wie möglich, über diese Brücke.
86 Dieser Zug kommt täglich an, ***so*** gegen 10 Uhr.
91 Der Häuptling, ***so*** etwas Ähnliches wie ein Feudalherrscher, war mit meiner Erklärung zufrieden.
27 Sein Gesicht, ***so*** hochmütig wie immer, war dem Richter zugewandt.
98 Ach, ***so*** weit ist das noch!

sobald

1 8 Er kann zu mir kommen, ***sobald*** er will.
8 ***Sobald*** der Brief ankommt, gib mir bitte Bescheid.
8 Das Buch wird Ihnen, ***sobald*** es erschienen ist, zugeschickt.

---

4 88* Kommen Sie bitte, ***so bald*** wie möglich.

so daß

8 Er verletzte sich, ***so daß*** er nicht mehr laufen konnte.
8 Er kam [zu] spät, ***so daß*** wir ihn nicht mehr empfangen konnten.

sondern/nicht nur – sondern auch

1 Karl ging nicht allein nach Hause, ***sondern*** sein Vater holte ihn ab.
56 Er fährt nicht mit der Bahn, ***sondern*** mit dem Auto zur Arbeit.
56 Er wanderte nicht, ***sondern*** ging nur ein wenig spazieren.
56 Nicht unser, ***sondern*** euer Wagen wurde beschädigt.
56 Nicht der Vater, ***sondern*** die Mutter hat geschrieben.
54 Ich komme nicht nur heute, ***sondern*** auch morgen.

so

88* Kommen Sie ***so*** gegen Mittag in mein Büro.
88* Fahren Sie ***so*** vorsichtig wie möglich über diese Brücke.
96 Dieser ***so*** alt wie ein Hundertjähriger wirkende Häuptling hörte mir aufmerksam zu.

17 Fahren Sie ***so*** vorsichtig wie möglich.

– Dieser Zug kommt täglich ***so*** gegen 10 Uhr an.
– Der Häuptling ist ***so*** etwas Ähnliches wie ein Feudalherrscher.

17 Sein Gesicht war ***so*** hochmütig wie immer.
99 Den ach ***so*** schönen Blumenhut hatte der Regen verdorben.
99 Ach ***so***, Herr Meier ist ja heute nicht da.

sobald

– Ich habe ihn nicht ***so bald*** erwartet.

17* Kommen Sie bitte ***so bald*** wie möglich!

so daß

8 Er verletzte sich ***so, daß*** er nicht mehr laufen konnte.
8 Er kam ***so*** spät, ***daß*** wir ihn nicht mehr empfangen konnten.

sondern/nicht nur – sondern auch

sondern/nicht nur – sondern auch

29/30 Ich habe nicht die Absicht, Schi zu laufen, ***sondern*** zu wandern.
41, 29 Ich habe nicht die Absicht zu wandern, ***sondern*** Schi zu laufen.
16 Ich war es nicht, ***sondern*** er.

sonst

1 1 Fahre sofort langsamer, ***sonst*** steige ich aus!
8 Er äußerte den Wunsch zu lesen, ***sonst*** könne er nicht schlafen.

---

2 56 Er kam am Dienstag morgens, ***sonst*** immer mittags.
63 Er kam am Dienstag morgens, ***sonst*** immer mittags ins Büro.
63 Ich habe ihn nur gestern, ***sonst*** nie aufgesucht.

---

3 30 Sie ist entschlossen, ***sonst*** zu gehen.
29 Sie ist entschlossen, ***sonst*** mit ihm zu gehen.
22 Er hatte, ***sonst*** immer sportlich gekleidet, diesmal einen Smoking an.
41, 86 Er äußerte den Wunsch zu lesen, ***sonst*** aber zu schlafen.

---

4 56 Ich habe ihn nur gestern aufgesucht, ***sonst*** nie.
88* Er war, ***sonst*** nur in Uniform, sehr unsicher.
87 Die eben aufgerufenen, ***sonst*** nur noch die dem Ausschuß angehörenden Mitglieder werden ins Konferenzzimmer gebeten.
91 Mein Onkel, ***sonst*** ein ruhiger Mann, war furchtbar aufgeregt.
91 Er ließ auf Herrn Meier, den Prokuristen, ***sonst*** nichts kommen.

4a 8 Er war, wenn wir uns verabredet hatten, ***sonst*** immer pünktlich.
22 Sie konnte, von der Sonne geblendet, ***sonst*** nichts erkennen.
44 Er äußerte den Wunsch, zu lesen oder zu schlafen, ***sonst*** nur selten.

sondern/nicht nur – sondern auch

sonst

–	Ich steige ***sonst*** aus.

–	Er kam ***sonst*** mittags.
–	Er kam ***sonst*** immer mittags.

–	Sie will ***sonst*** gehen.
–	Sie will ***sonst*** mit ihm gehen.
37	Sie hat ***sonst*** nach Hause zu gehen.

55	Ich habe ihn nur gestern aufgesucht und ***sonst*** nie.
88*	Er war ***sonst*** nur in Uniform sehr unsicher.
96	Der ***sonst*** auf seine Umgebung so ruhig wirkende Mann war völlig außer Fassung.

–	Er war ***sonst*** immer pünktlich.

sowie

	8	Er lief auf die Straße, ***sowie*** er einen Polizeiwagen hörte.
	8	Er ging nach Hause, ***sowie*** er die Ergebnisse kannte.

teils-teils

1	1	***Teils*** singt er in München, ***teils*** gibt er Gastrollen an anderen Theatern.
	2	***Teils*** singt er in München, und ***teils*** gibt er Gastrollen an anderen Theatern.

2	54	Er hat ***teils*** Opern, ***teils*** Oratorien geschrieben.
	54	Sie ist ***teils*** Kind, ***teils*** junge Dame.
	54	Er verdient sein Geld ***teils*** als Pianist, ***teils*** als Musiklehrer.
	54/63	Das heiße Wetter war ***teils*** nützlich, ***teils*** schädlich für die Bauern.
	54/87	Die ***teils*** weit gediehenen, ***teils*** kaum begonnenen Arbeiten mußten abgebrochen werden.

3	37/54	***Teils*** hatte er in dem Stück zu singen, ***teils*** Klavier zu spielen.
	29/54	Er hatte die Aufgabe, ***teils*** Lieder zu singen, ***teils*** Klavier zu spielen.
	38/54*	Er versuchte, ***teils*** Lieder zu singen, ***teils*** Klavier zu spielen.
	39/54	Er versuchte später, ***teils*** Lieder zu singen, ***teils*** Klavier zu spielen.

um

1	8	Er wußte nicht, ***um*** was es geht.
	8	Er sagte, ***um*** sieben Uhr könne er kommen.
	8	Er weiß noch nicht, ***um*** welche Zeit sie kommt.

sowie

55 Herr Meier und Herr Müller ***sowie*** ihre beiden Rechtsanwälte haben den Vergleich unterzeichnet.
55 Reise- und Abenteuerbücher ***sowie*** gute Jugendbücher gehören zum Verlagsprogramm.
55 Zur Versteigerung kamen die Möbel und die Ölgemälde ***sowie*** einige kostbare Radierungen.

teils-teils

55 ***Teils*** singt er in München und ***teils*** an anderen Theatern.

---

55 Er hat ***teils*** Opern und ***teils*** Oratorien geschrieben.
55 Sie ist ***teils*** Kind und ***teils*** junge Dame.
55 Er verdient sein Geld ***teils*** als Pianist und ***teils*** als Musiklehrer.

38/54* Er versuchte ***teils*** Lieder zu singen, ***teils*** Klavier zu spielen.

um

– Er will ***um*** sieben Uhr kommen.

um

3	30	Er kam, ***um*** zu gewinnen.
	29	Er kam, ***um*** dabei zu gewinnen.
	29	Er kam, ***um*** bei diesem Geschäft zu gewinnen.
	22	Die Uhr mußte, ***um*** eine Stunde vorgerückt, neu gestellt werden.
	22	Er war, ***um*** etliche Mark betrogen, um sieben Uhr heimgekommen.
	22	Der Minister kehrte zurück, ***um*** einige Erfahrungen reicher geworden.
	22	Er kehrte, ***um*** einige Kenntnisse bereichert, zurück.
	30	Er kam ***um*** sieben Uhr, ***um*** zu verhandeln.
	30	Er kam, ***um*** zu verhandeln, ***um*** sieben Uhr.
	49	Er befahl uns, ***um*** sieben Uhr zu fahren.
	49	Er befahl uns ***um*** sieben Uhr, zu fahren.
	38*	Er versucht, ***um*** sieben Uhr zu fahren.
	38*	Er glaubte, ***um*** sieben Uhr fahren zu können.
	39	Er versucht bestimmt, ***um*** sieben Uhr zu fahren.
	39	Er glaubt fest, ***um*** sieben Uhr fahren zu können.
	29, 29	Er hatte vergessen, ***um*** 9 Uhr anzurufen, ***um*** die Formulare anzufordern.
	30, 8	Er rief an, ***um*** zu sagen, ***um*** 9 Uhr könne er noch nicht da sein.
	8, 29	Er teilte uns mit, ***um*** 7 Uhr könne er kommen, ***um*** die Formulare abzuholen.

4	87	Er hat das Geschäft in sehr nachlässiger, ***um*** nicht zu sagen betrügerischer Weise betrieben.
	88*	Wo, ***um*** alles in der Welt, haben Sie gesteckt?
	86	Wir können es nicht tun, ***um*** unserer Ehre willen!
	86	Sie werden kommen, ***um*** sieben Uhr!

4a	35/79*	Er kommt wegen dieser Sache und ***um*** die Pläne vorzulegen, ***um*** 15 Uhr.
	11/79*	Er brachte uns Salz, Zucker, Gebäck und ***um*** was wir ihn sonst noch gebeten hatten, ***um*** die Mittagszeit.

um so mehr als

8* Das wundert mich, ***um so mehr als*** er früher nie etwas davon gesagt hat.

um

– Er kam *um* seinen Gewinn.

– Er kam bei diesem Geschäft *um* seinen Gewinn.
– Die Uhr mußte *um* eine Stunde vorgerückt werden.

– Er war *um* etliche Mark betrogen worden.

– Der Minister war *um* einige Erfahrungen reicher geworden.
35 Er fuhr in die Stadt zu einer Verhandlung und *um* die Pläne vorzulegen.

30 Um zu verhandeln, war er *um* sieben Uhr gekommen.
37 Er hat *um* sieben Uhr zu fahren.
37 Der Weg scheint *um* die Ecke zu gehen.
38* Er versucht *um* sieben Uhr zu fahren.
38* Er glaubte *um* sieben Uhr fahren zu können.

---

96 Der *um* einige Erfahrungen reicher gewordene Minister kehrte zurück.
88* Wo *um* alles in der Welt haben Sie gesteckt?

– Sie werden *um* sieben Uhr kommen.

35/79* Er kommt wegen dieser Sache und *um* die Pläne vorzulegen *um* 15 Uhr.
11/79* Er brachte uns Salz, Zucker, Gebäck und *um* was wir ihn sonst noch gebeten hatten *um* die Mittagszeit.

um so mehr als

8/60* Das wundert mich *um so mehr, als* er früher niemals etwas davon gesagt hat.

und

1 2 Ich fahre mit dem Bus, ***und*** er fährt mit der Bahn.
2 Im Garten blühen die Bäume, ***und*** die Vögel singen.
2 Ich suchte das Portemonnaie, ***und*** mein Bruder fand es.
2 Wir räumen hier noch auf, ***und*** dann gehen wir nach Hause.
41, 2 Er hatte vor zu arbeiten, ***und*** er begann sofort mit den Vorbereitungen.
2 Ich arbeite morgens, ***und*** nachmittags habe ich frei.
2 Ich muß heute arbeiten, ***und*** erst morgen kann ich dich besuchen.
2 Der Auftrag war erteilt, ***und*** die Arbeit konnte beginnen.
2, 5 Diese Arbeit verrichtet er sehr gewissenhaft, ***und,*** das ist besonders erstaunlich, meistens ist er auch sehr schnell fertig.
9 Diese Arbeit verrichtet er sehr gewissenhaft, ***und*** wenn die Situation es erfordert, ist er dabei sehr schnell.
9 Wir dürfen diese Nachlässigkeiten, ***und*** wenn sie noch so geringfügig sein mögen, nicht dulden.
13, 2 Ich bemerkte, daß er seine Pflichten vernachlässigte ***und*** daß er morgens spät erschien, ***und*** schließlich arbeitete er überhaupt nicht mehr.

5 Ich muß heute, ***und*** das mußt du verstehen, den ganzen Tag über arbeiten.
2 Ich arbeite, ***und*** deshalb kann ich nicht kommen.
9 Ich arbeite morgens, ***und*** wenn es erforderlich ist, muß ich auch abends arbeiten.
2, 41 Die Tür war geschlossen, ***und*** anzuklopfen wagte er nicht.
9/29 Die Tür öffnete sich, ***und*** ohne zu zögern, trat er ins Zimmer.
9/29 Das Zimmer war verschlossen, ***und*** um es zu öffnen, mußte ich einen Schlosser holen.
16* Ich arbeite, ***und*** er nicht!
16 Du willst verreisen, ***und*** wann?
16 Ich habe meine Gründe, ***und*** ob!
2 Sie pfeift, ***und*** er kommt.

2

und

4 Ich fahre mit dem Bus ***und*** er mit der Bahn.
4 Im Garten blühen die Bäume ***und*** singen die Vögel.
4 Ich suchte ***und*** mein Bruder fand das Portemonnaie.
4 Wir räumen hier noch auf ***und*** gehen dann nach Hause.
41, 4 Er hatte vor zu arbeiten ***und*** begann sofort mit den Vorbereitungen.
4 Ich arbeite morgens ***und*** habe nachmittags frei.
4 Ich muß heute arbeiten ***und*** kann dich erst morgen besuchen.

4 Der Auftrag war erteilt ***und*** mußte ausgeführt werden.
13 Ich weiß nicht, wann er kommt ***und*** ob er ihn mitbringt.

13 Ich bemerkte, daß er seine Pflichten vernachlässigte ***und*** daß er nicht arbeitete.
14 Ich bemerkte, daß er seine Pflichten vernachlässigte, morgens spät erschien ***und*** schließlich überhaupt nicht mehr arbeitete.
4, 5 Ich muß heute arbeiten ***und***, das mußt du verstehen, kann dich nicht besuchen.

55, 8 Ich arbeite morgens ***und***, wenn es erforderlich ist, auch abends.

4 Ich arbeite ***und*** arbeite.
3 Ich arbeite ***und*** ich arbeite.
4 Ich arbeite ***und*** kann deshalb nicht kommen.
4* Ich arbeite ***und*** er nicht.

4 Er redet ***und*** redet.
3 Er schläft ***und*** er schläft den ganzen Tag.

---

55 Ich arbeite morgens ***und*** abends.
55 Ich arbeite morgens ***und*** abends zu Hause.
35/79 Er arbeitet gewissenhaft ***und*** ohne sich stören zu lassen (,) an seiner Maschine.
70 Er bearbeitet die dringenden Aufträge ***und*** was sonst in Eile erledigt werden muß.
26/79 Er fuhr sehr schnell ***und*** dabei keine Rücksicht auf die Beifahrer nehmend(,) durch die engen Kurven.

und

3	44, 4	Er hatte gerade beabsichtigt, aufzustehen ***und*** zu frühstücken, ***und*** sah auf den Wecker.
	39, 4	Er hofft fest, am nächsten Morgen arbeiten zu können, ***und*** bereitet sich vor.
	39/8, 4	Er hofft, am nächsten Morgen arbeiten zu können, ***und*** bereitet sich vor.
	37, 2	Er hat am nächsten Morgen zu arbeiten, ***und*** deshalb bereitet er sich vor.
4	91/94*	Herr Meier, der Chorleiter, ***und*** ich spielen gerne Skat. (Zwei Personen, Beisatz)
	91/83	Er kam am Freitag, dem 3. Juni, ***und*** blieb eine Woche lang.
	83/95*	Er kam Freitag, den 3. Juni, ***und*** blieb eine Woche lang.
	87	Wir dürfen diese, ***und*** zwar vor allem die unscheinbaren Nachlässigkeiten nicht dulden.
	86	Wir dürfen Nachlässigkeiten, ***und*** sogar die unscheinbarsten, nicht dulden.
	86	Ich arbeite heute, ***und*** zwar den ganzen Tag über!
	86	Ich warne Sie, ***und*** nicht ohne Grund!
	86/62	Ich warne Sie, ***und*** das nicht ohne Grund, vor diesem Geschäft!
	97	Ja, ***und*** anschließend arbeiten wir!
	98	Ach, ***und*** weshalb?
	16	Du willst verreisen, ***und*** wohin?
	16	Ein kurzer Pfiff, ***und*** der Hund kam zurück.
4a	91, 55	Hans Müller, Frankfurt, Zeil 102, ***und*** Alfred Klein, Mannheim, Reuterweg 7, bewarben sich um die Stelle.
	83, 55*	Das Haus in Bornheim, Neue Straße, ***und*** das alte Gebäude in Eckenheim, Grüner Weg, wurden abgerissen.
	83, 55 2*	Vergleichen Sie bitte die Stelle im Faust, Volksausgabe, Seite 200, ***und*** die Stelle in der Jubiläumsausgabe, 3. Auflage, Seite 180, ***und*** Sie werden Unterschiede feststellen!

und

78, 4 Er arbeitet montags, dienstags ***und*** freitags ***und*** hat an den übrigen Tagen frei.

69 Er kauft Bananen, Zitronen, Apfelsinen ***usw.***

45, 4 Er scheint aufstehen ***und*** frühstücken zu wollen ***und*** sieht auf den Wecker.

37, 4 Er hat am nächsten Morgen zu arbeiten ***und*** bereitet sich vor.

35 Er nahm sich vor, am nächsten Tag wieder ins Büro zu gehen ***und*** seinen Verpflichtungen nachzukommen.

50 Er nahm sich vor, aufzustehen ***und*** ins Büro zu gehen.

50 Er nahm sich vor, ins Büro zu gehen ***und*** zu arbeiten.

36 Er nahm sich vor, frühzeitig aufzustehen, zu frühstücken ***und*** ins Büro zu gehen.

---

93 Herr Meier, Chorleiter ***und*** Reporter, spielt gern Skat.

65/94* Herr Meier, der Chorleiter ***und*** ich spielen gerne Skat. (Drei Personen, Aufzählung)

83/95* Er kam Freitag, den 3. Juni ***und*** blieb eine Woche lang.

96 Wir dürfen diese ***und*** wenn noch so geringfügigen Nachlässigkeiten nicht dulden!

83/55* Das Haus in Bornheim, Neue Straße ***und*** das alte Gebäude in Eckenheim, Grüner Weg wurden abgerissen.

83, 55, 2* Vergleichen Sie bitte die Stelle im Faust, Volksausgabe, Seite 200 ***und*** die Stelle in der Jubiläumsausgabe, 3. Auflage, Seite 180, ***und*** Sie werden Unterschiede feststellen!

und

4a 29, 4 Er hatte vor, am nächsten Morgen zu arbeiten, ***und*** bereitete sich schon am Abend vor.

39/8, 4 Wir hoffen, Ihnen hiermit gedient zu haben, ***und*** grüßen Sie . . .

30, 4 Er blieb zu Hause, anstatt zu arbeiten, ***und*** ließ den Arzt kommen.

42, 4 Er hatte geglaubt, abgeholt zu werden, ***und*** kam deshalb zu spät.

30, 4 Er kam, um zu arbeiten, ***und*** wurde stürmisch begrüßt.

8, 4 Er hatte geglaubt, daß er abgeholt würde, ***und*** kam deshalb zu spät.

8, 4 Wir hoffen, daß wir Ihnen hiermit gedient haben, ***und*** grüßen Sie . . .

11/79* Er bearbeitet sämtliche Aufträge, allerlei Anfragen ***und*** was jeden Tag an laufender Post zu erledigen ist, ***und*** ist damit den ganzen Vormittag über beschäftigt.

8, 4 Diese Arbeit verrichtet er gewissenhaft, wenn die Situation es erfordert, ***und*** mit erstaunlicher Geschwindigkeit.

5, 4 Ich muß heute arbeiten, das mußt du verstehen, ***und*** kann dich nicht besuchen.

ungeachtet [daß]

8 Er war schon am dritten Tage wieder im Dienst, ***ungeachtet*** [***daß***] er noch Schmerzen hatte.

88* Er war, ***ungeachtet*** seiner Schmerzen, schon am dritten Tag wieder im Dienst.

86, 8 Er war schon am dritten Tage wieder im Dienst, ***ungeachtet dessen***, daß er noch Schmerzen hatte.

während

1 8 Er arbeitete, ***während*** sie schlief.

8 Er arbeitete, ***während*** die Nacht hereinbrach.

8 Er arbeitete, ***während*** in der Nacht ein Gewitter tobte, an seinem Buch.

8 Er gab nicht zu, ***während*** der Nacht geraucht zu haben.

---

2 63 Das Postamt nimmt ab 18 Uhr, ***während*** der Festwochen ab 16 Uhr keine Pakete an.

und

11/79* Er bearbeitet sämtliche Aufträge, allerlei Anfragen ***und*** was jeden Tag an laufender Post zu erledigen ist ***und*** ist damit den ganzen Vormittag über beschäftigt.

55, 8 Diese Arbeit verrichtet er gewissenhaft ***und***, wenn die Situation es erfordert, mit erstaunlicher Geschwindigkeit.

ungeachtet [daß]

88* Er war ***ungeachtet*** seiner Schmerzen schon am dritten Tag wieder im Dienst.

während

– Er arbeitete ***während*** der Nacht.

– Er arbeitete ***während*** eines Gewitters in der Nacht.

---

während

3	38*	Er hoffte, ***während*** des Sommers verreisen zu können.
	39	Er hoffte fest, ***während*** des Sommers verreisen zu können.
	29	Er hatte vor, ***während*** des Sommers zu verreisen.
	30	Sie durften, ohne zu fragen, ***während*** der Arbeitszeit nicht rauchen.

4	88*	Herr Eberhardt hat sich, ***während*** seiner Amtszeit als Bürgermeister, völlig uneigennützig für das Wohl der Öffentlichkeit eingesetzt.
	87	Sehr viele, ***während*** der Festwochen sogar alle Straßen der Stadt waren für den Durchgangsverkehr gesperrt.
	79*	Der Sturm kam plötzlich und ohne sich vorher irgendwie bemerkbar zu machen, ***während*** der Mittagsstunden.
	91	Herr Döring, ***während*** der letzten 5 Jahre Vorsitzender, wurde erneut in seinem Amt bestätigt.
	27	Bernd, ***während*** des Unterrichts ruhig und still, war in den Pausen um so lebhafter.
	86	Das Zimmer kostet 15,– DM, ***während*** der Saison 18,– DM.

wegen

1	8	Er sagte, ***wegen*** ihrer Tochter sei er gekommen.

2	68	Sie kam ***wegen*** der Garage, ***wegen*** der Miete oder ***wegen*** der Stromrechnung.

3	29	Er war verpflichtet, ***wegen*** ihrer Tochter zu kommen.
	39*	Er bittet, ***wegen*** ihrer Tochter zu kommen.
	40	Er bittet dringend, ***wegen*** ihrer Tochter zu kommen.

4	88*	Er mußte, ***wegen*** eines Hundes, vor Gericht.
	86	Er mußte vor Gericht, ***wegen*** eines Hundes.
	22	Die Straße, ***wegen*** Bauarbeiten gesperrt, war kaum wiederzuerkennen.
	27	Herr Müller, ***wegen*** einer Erkältung zu Hause, wurde deshalb Augenzeuge.
	41, 86	Sie hatte keine Lust zu kommen, ***wegen*** des Regens.
	30, 86	Sie hat keine Lust, heute zu kommen, ***wegen*** des Regens.
	37, 86	Sie hat heute zu kommen, ***wegen*** der Probe.

während

38* Er hoffte ***während*** des Sommers verreisen zu können.

41 Er hatte aber ***während*** des Sommers keine Gelegenheit zu verreisen.

88* Herr Eberhardt hat sich ***während*** seiner Amtszeit als Bürgermeister völlig uneigennützig für das Wohl der Öffentlichkeit eingesetzt.
96 Sehr viele ***während*** der Festwochen anwesende Besucher waren begeistert.
79* Der Sturm kam plötzlich und ohne sich vorher irgendwie bemerkbar zu machen ***während*** der Mittagsstunden.

wegen

– Er ist ***wegen*** ihrer Tochter gekommen.

– Sie kam zu mir ***wegen*** jeder Kleinigkeit.

---

37 Er scheint nur ***wegen*** ihrer Tochter zu kommen.
39* Er bittet ***wegen*** ihrer Tochter zu kommen.

88* Er mußte ***wegen*** eines Hundes vor Gericht.

wegen

4a 35/79* Er kam immer unangemeldet und ohne erst lange anzuklopfen, ***wegen*** solcher Sachen in mein Büro.

wenn [auch]

1 12 Er wird den alten Turm besteigen, ***wenn auch*** noch so große Bedenken vorliegen, ***wenn auch*** der Rundblick nicht viel verspricht.

65, 9 Dieses Kleid trägt sie in der Oper, bei Empfängen, und ***wenn*** es ihr geeignet erscheint, auch bei festlichen Anlässen.

15 Frag ihn doch selber, ***wenn*** du denkst, daß es anders gewesen sein könnte.

8 Er wird den alten Turm besteigen, ***wenn auch*** noch so große Bedenken bestehen.

8 Er wird den alten Turm besteigen, ***wenn*** er ***auch*** noch so große Bedenken hat.

8 Ich bringe das Buch mit, ***wenn*** ich komme.

8 Ich fahre ***auch*** mit, ***wenn*** es regnet.

8 Nehmen Sie es ***auch, wenn*** es zu klein ist?

---

2 8, 63 Die Schleusen bleiben geschlossen, weil der Wasserstand heute höher als gestern, ***wenn auch*** niedriger als vorgestern ist.

63 Er hatte den alten Turm schnell, ***wenn auch*** ängstlich bestiegen.

63 Nehmen Sie zwei, ***wenn*** möglich lieber drei Einheiten.

---

4 88/16* Kommen Sie, ***wenn*** möglich, noch vor 12 Uhr. (= wenn es möglich ist)

88/16* Wir werden Sie, ***wenn*** nötig, anrufen. (= wenn es nötig ist)

87 Alle diese, ***wenn*** möglich auch alle übrigen Betriebsangehörigen sollen an der Feier teilnehmen.

91 Dr. Mahr, ***wenn auch*** nur stellvertretender Vorsitzender des Verkehrsvereins, sperrte den alten Turm.

58/86 Er bestieg den alten Turm, ***wenn auch*** ängstlich.

58/86 Er begrüßte ihn höflich, ***wenn auch*** zurückhaltend.

58 Er unterstütze ihn, ***wenn auch*** nur in bescheidenem Maße.

58/86 Jede Beschädigung, ***wenn auch*** noch so geringfügig, führt zu einer Wertminderung.

86/16 Nehmen Sie die doppelte Menge, ***wenn*** erforderlich.

86/16 Kommen Sie noch heute zu mir, ***wenn*** möglich vor 12 Uhr.

8/16 Bitte, zurücksenden, ***wenn*** unzustellbar.

wegen

35/79* Er kam immer unangemeldet und ohne erst lange anzuklopfen ***wegen*** solcher Sachen in mein Büro.

wenn [auch]

13 Er wird den alten Turm besteigen, ***wenn auch*** noch so große Bedenken vorliegen und ***wenn auch*** der Rundblick nicht viel verspricht.

13 Ich nehme ihn mit, ***wenn*** wir Platz haben und ***wenn*** seine Mutter damit einverstanden ist.

8 Ich fahre mit, ***auch wenn*** es regnet.

8 Nehmen Sie es, ***auch wenn*** es zu klein ist!

10/70 Diesen Mantel trägt er samstags und ***wenn*** es regnet.

11 Dieses Kleid trägt sie in der Oper, bei Empfängen und ***wenn*** ähnliche Anlässe vorhanden sind.

88/17* Kommen Sie ***wenn*** möglich noch vor 12 Uhr. (wenn möglich = möglichst)

88/17* Wir werden Sie ***wenn*** nötig anrufen. (wenn nötig = nötigenfalls)

96 Eine ***wenn auch*** nur im engsten Kreise angebrachte falsche Beschuldigung kann oft schwerwiegende Folgen nach sich ziehen.

96 Jede ***wenn auch*** noch so geringfügige Beschädigung führt zu einer Wertminderung.

wer, was, wo, wann usw.

1	14	Wir wußten nicht, ***wer*** er war, ***was*** er zuvor getrieben hatte und ***wo*** er herkam.
	8	Ich weiß nicht, ***wer*** es getan hat.
	1	***Wer*** hat es getan, ***wann*** ist es geschehen?
	2	***Wer*** hat es getan, und ***wann*** ist es geschehen?
	16/95*	***Wo*** ist es passiert, und ***wann***?
	15	Er teilte uns mit, daß er dort nicht arbeiten könne, ***wo*** immer Lärm sei.
	8	Sage bitte, ***was*** du denkst.

4	16	Ich weiß nicht, ***wer***.
	16	***Wer***, weiß ich nicht.
	16	Er kam an, ***wann***, weiß ich nicht.
	16	Er kam an, ich weiß nicht, ***wann***.
	86	Ich sage nichts mehr, ***warum*** auch?
	100	Rita, ***wann*** sind Sie endlich fertig?
	85	***Wann, wann?***
	85	***Wer, wer*** konnte es getan haben?
	97	Ha, ***wann*** denn?
	98	Oh, ***weshalb***?
	33	Die Stelle zu bekommen, ***was*** wäre schöner!
	46	Zu schweigen, ***wer*** hätte es in diesem Moment gewagt?

wie [auch]/sowohl-wie

1	8	Er kann es nicht ***so*** gut, ***wie*** du denkst.
	8	Er ist nicht ***so*** gut, ***wie*** du vor drei Jahren warst.
	8	Er ist nicht ***so*** gut, ***wie*** du vor drei Jahren in München beim Ausscheidungskampf warst.
	8	Er hat ***sowohl*** die Meßinstrumente bedient, ***wie*** er auch gefunkt hat.
	8	Ein Kaufmann, ***wie*** er einer ist, hat keinen Sonntag.
	8	Er nahm die Kurven, ***wie*** sie ein Rennfahrer nimmt.
	8	Machen Sie es ***so, wie*** ich es mache.
	60/8	Er baut ***so*** (ebenso, genauso), ***wie*** es sein Vater getan hat.
	2	Er machte den Versuch zu bauen, ***wie*** es auch sein Vater versucht hat.
	60/8	Es ist genau***so, wie*** es immer war.
	8	Ich gehe, ***wie*** ich bin.
	8	Ich nehme es, ***wie*** es kommt.
	8	Ich wußte nicht, ***wie*** es geht.

wer, was, wo, wann usw.

13 Wir wußten nicht, wer er war und *wo* er herkam.
14 Wir wußten nicht, wer er war, was er zuvor getrieben hatte und *wo* er herkam.

4 *Wo* und *wann* ist es passiert?
4* *Wo* ist es passiert und *wann*?
11/79 Der Meister holte einen Wagenheber, einen Schraubenschlüssel, eine Kombinationszange und *was* er sonst noch für die Reparatur brauchte.

---

96 Dieses *wem* auch immer gehörende Fahrrad muß verschwinden.

99 O *wie* schön!

wie [auch]/sowohl-wie

59 Er kann es nicht so gut *wie* du.
59 Er ist nicht *so* gut *wie* du vor drei Jahren.
59 Er ist nicht *so* gut *wie* du vor drei Jahren in München beim Ausscheidungskampf.
59 Er hat *sowohl* die Meßinstrumente bedient *wie* auch gefunkt.
59 Ein Kaufmann *wie* er hat keinen Sonntag.
59 Er nahm die Kurven *wie* ein Rennfahrer.
59 Machen Sie es *so wie* ich.
59 Er baut *so* (ebenso, genauso) *wie* sein Vater.
59 Holen Sie *so*viel *wie* immer.

59 Es ist genau*so wie* immer.
10/70 Der Anruf kam von einem Herrn Berger, Bergener, Bergmann oder *wie* er sich auch nennen mag.

wie [auch]/sowohl-wie

1
8 Ihr geht es, ***wie*** man sieht, recht gut.
8 Er ist, wenn man ihn lobt, ***wie*** umgewandelt.
1 Er lebt ganz gut, ***wie*** ein Fürst lebt er aber nicht.

2

3
30 Nichts fiel ihm ***so*** schwer, ***wie*** zu warten.
29 Nichts fiel ihm ***so*** schwer, ***wie*** warten zu müssen.
30 Es ist genau***so*** schwer, ***wie*** zu spielen.
29 Er hatte den Wunsch, ***wie*** ein Künstler zu singen.
38* Er glaubt, ***wie*** ein Künstler zu singen.
39 Er glaubt fest, ***wie*** ein Künstler zu singen.
29 Er hob die Hand, ***wie*** um zu reden.
30 Er verließ, um zu essen, ***wie*** gewöhnlich sein Büro.
29 Er machte den Versuch, ***wie*** sein Vater zu bauen.

4
61* Militärische Anlagen, ***wie*** Kasernen, Fl
Wasserwerke, Brücken usw., durften wir nicht filmen.

88/17, 16* Er stand, ***wie*** gewöhnlich, vor der Pförtnerloge.
88* Er schritt, ***wie*** eh und je, über das Feld.
27 Herr Schmidt, ***wie*** immer müde, wollte nach Hause.
16/22 Wir werden, ***wie*** bereits erwähnt, alles Nötige veranlassen.

98/99 Oh, ***wie*** schön!
16 Ich weiß nicht, ***wie***!
16 Aber frage nicht, ***wie***!
97 Ja, ***wie*** gestern.
86 Sie kam zu spät, ***wie*** immer.

4a
11/79* Wir schliefen in Stuttgart, München, Hamburg und wo wir auch hinkamen, ***wie*** immer im Wohnwagen.

wie [auch]/sowohl-wie

---

55 Der Becher war innen ***wie*** außen vergoldet.
55 Es fiel ihm ***wie*** ihr schwer zu warten.
55 Er ***wie*** auch sein Vater machten den Versuch zu bauen.

37/59 Er ist eben***so*** gut zu sehen ***wie*** zu hören.
59 Nichts fiel ihm ***so*** schwer ***wie*** warten.
59 Nichts fiel ihm ***so*** schwer ***wie*** warten müssen.

37 Er pflegte ***wie*** ein Künstler zu singen.
38* Er glaubt ***wie*** ein Künstler zu singen.
36 Er hatte vor, ***wie*** ein Meister zu arbeiten und ***wie*** ein Meister zu verdienen.

61* Militärische Anlagen ***wie*** Kasernen, Flugplätze, Wasserwerke, Brücken usw. durften wir nicht filmen.
96 In dem ***wie*** von einer Sturmflut übriggelassenen Haus wohnte die alte Dame.
96 Ich habe diesen ***wie*** ein aus dem Zuchthaus entlassener Sträfling aussehenden Mann nicht hereingelassen.
88/17* Er stand ***wie*** gewöhnlich vor der Pförtnerloge.

88* Er schritt ***wie*** eh und je über das Feld.
17 Senden Sie fünf Kisten ***wie*** üblich.
17 Senden Sie ***wie*** üblich fünf Kisten.
17 Die Satzungen werden ***wie*** folgt geändert.
98/99 O ***wie*** schön!

11/79* Wir schliefen in Stuttgart, München, Hamburg und wo wir auch hinkamen ***wie*** immer im Wohnwagen.

wieder

1	8	Die Aufführung mußte erneut ausfallen, ***wieder*** weil es regnete.
	8	Er sagte uns, ***wieder*** sei er nicht gekommen.
	1	Er eröffnete die Sitzung, ***wieder*** sprach er nur wenige Worte.

2	65/67	Wir müssen ***wieder*** von vorn anfangen, ***wieder*** zählen, ***wieder*** bündeln, ***wieder*** verpacken.

3	40	Er drohte, ***wieder*** nach Hause zu gehen. (Er sprach die Drohung aus.)
	29	Er hat den Wunsch, ***wieder*** ins Kino zu gehen.
	38*	Er hofft, ***wieder*** ins Kino gehen zu können.
	39	Er hofft ganz fest, ***wieder*** ins Kino gehen zu können.
	30	Er wollte, ohne auszuruhen, ***wieder*** weiterfahren.
	38*	Wir hoffen, ***wieder*** von Ihnen zu hören.
	39	Wir hoffen fest, ***wieder*** von Ihnen zu hören.
	39	Wir hoffen, ***wieder*** von Ihnen zu hören, und verbleiben mit freundlichen Grüßen . . .
	22*	Er lief, ***wieder*** seine Frau suchend, durch alle Räume.
	49	Er befahl, ***wieder*** zu fahren.
	49/31	Er befahl ***wieder***, zu fahren.

4	84	Dieser unverläßliche Bursche, ***wieder*** ist er nicht gekommen!
	86	Er rief auch heute an, ***wieder*** um 10 Uhr.
	91	Ein Herr vom Fernmeldeamt, ***wieder*** der große, möchte Sie sprechen.
	27	Er sprach, ***wieder*** Herr der Lage, unbeirrt weiter.
	87	Alle diese, ***wieder*** besonders die zuerst genannten Pflanzen sind sehr giftig.
	88*	Liefern Sie bitte, ***wieder*** wie bisher, im Laufe des Vormittags.
	88*	Rufen Sie mich, ***wieder*** um 10 Uhr, an.
	86	Rufen Sie mich an, ***wieder*** um 10 Uhr.

4a	35/79*	Er arbeitet hart und ohne sich ein Pause zu gönnen, ***wieder*** an seiner Erfindung.
	79*	Wir kaufen unsere Kleider, Wäsche und was wir sonst noch brauchen, ***wieder*** in diesem Kaufhaus.

wieder

– Die Aufführung mußte ***wieder*** wegen des Regens ausfallen.

– Er sagte uns ***wieder*** die üblichen Worte.

65/67 Wir müssen ***wieder*** zählen und ***wieder*** bündeln und ***wieder*** verpacken.

---

40 Er drohte ***wieder*** einen Herzanfall zu bekommen. (Es schien so.)
37 Er scheint ***wieder*** ins Kino zu gehen.
38* Er hofft ***wieder*** ins Kino gehen zu können.

38* Wir hoffen ***wieder*** von Ihnen zu hören.

22* Er lief ***wieder***, seine Frau suchend, durch alle Räume.

---

96 Der ***wieder*** in sein Amt eingesetzte Bürgermeister eröffnete die Sitzung.
88* Liefern Sie bitte ***wieder*** wie bisher im Laufe des Vormittags.

88* Rufen Sie mich ***wieder*** um 10 Uhr an.

35/79* Er arbeitet hart und ohne sich eine Pause zu gönnen ***wieder*** an seiner Erfindung.
79* Wir kaufen unsere Kleider, Wäsche und was wir sonst noch brauchen ***wieder*** in diesem Kaufhaus.

Wohnungsangaben

91 Hans Müller, ***Frankfurt, Zeil 102, Hof rechts***, hat sich um die Stelle beworben.

83* Herr Hans Müller in Frankfurt, ***Zeil 102, Hof rechts***, hat einen Antrag gestellt.

91 Hans Müller, ***Frankfurt, Zeil 102***, und Alfred Klein, ***Mannheim, Reuterweg 7***, bewarben sich um die Stellung.

91 Zwischen den Firmen Alfred Nagel & Co., ***Mainz***, und Seb. Körfgen KG, ***Köln***, wird folgender Vertrag geschlossen.

83* Wir haben im Hotel Gloria, ***Ludwigstr. 15***, ein Zimmer für Sie bestellt.

wunder was/wunder[s] wie

8 Er meint, ***wunder[s] wie*** klug er sei.

8 Er glaubt ***wunder[s], was*** er alles erreicht hat.

8 Er meint ***wunder[s], wie*** klug er sei.

29 Er brüstet sich, ***wunder was*** erreicht zu haben.

Zahlwörter (bestimmt u. unbestimmt)

1

1 ***Dreißig*** Prozent gehören meinem Vater, ***dreißig*** Prozent gehören meiner Mutter, ***vierzig*** Prozent gehören meinem Onkel.

8 Er meinte, ***zehn*** Minuten sollten wir noch warten.

2

65 Liefern Sie so ***zehn, zwölf*** Stück.

65 Das kann ***fünfzehn, sechzehn*** Jahre her sein.

65 Liefern Sie ***acht*** blaue, ***zehn*** rote, ***fünfzehn*** grüne und ***zwanzig*** schwarze Platten.

3

30 Er hat die Absicht, ***zwei*** zu kaufen.

29 Er hat die Absicht, ***zwei*** Bücher zu kaufen.

38* Er versucht, ***zwei*** Bücher zu kaufen.

39 Er versucht heute, ***zwei*** Bücher zu kaufen.

36 Er hatte vor, ***zwei*** Tage in München zu bleiben, ***drei*** Tage in Garmisch zu verbringen und ***zehn*** Tage an irgendeinem See zu zelten.

22 Der Besuch, ***zwei*** Tage früher als erwartet eingetroffen, bereitete ihm Sorgen.

Wohnungsangaben

83* Herr Hans Müller in Frankfurt, ***Zeil 102, Hof rechts*** hat einen Antrag gestellt.

83* Wir haben im Hotel Gloria, ***Ludwigstr. 15*** ein Zimmer für Sie bestellt.

wunder was/wunder[s] wie

– Er brüstet sich mit ***wunder was*** für Abenteuern.
– Er hat wohl ***wunder was*** erlebt.

Zahlwörter (bestimmt u. unbestimmt)

4 ***Sechzig*** Prozent gehören meinen Eltern und ***vierzig*** Prozent meinem Onkel.

– Liefern Sie so ***zehn*** bis ***zwölf*** Stück.

---

37 Er scheint ***zwei*** zu kaufen.
37 Er scheint ***zwei*** Bücher zu kaufen.
38* Er versucht ***zwei*** Bücher zu kaufen.

37, 35 Er scheint ***zwei*** Tage in München zu bleiben und ***drei*** Tage in Garmisch zu verbringen.

96 Der ***zwei*** Tage früher als erwartet eingetroffene Besuch bereitete ihm Sorgen.

Zahlwörter (bestimmt u. unbestimmt)

4	88*	Ich komme am Dienstag, ***um 18.10 Uhr***, in Frankfurt an.
	88*	Ich wette, ***zehn*** zu ***eins***, für seinen Bruder.
	88/8*	Ich wette, ***zehn*** zu ***eins***, daß er gewinnt.
	86	Ich komme am Dienstag, ***18.10 Uhr***, in Frankfurt an.
	86	Er kam um acht Uhr, ***zehn*** Minuten zu spät.
	86	Er blieb auf der Autobahn stehen, ***10*** km vor München.
	27	Dieses Kind, ***fünf*** Jahre alt, konnte wirklich nicht verantwortlich gemacht werden.
	91	Rolf und Reinhard, ***zwei*** Lehrlinge, waren dazu bereit.
	91	Beethoven, ***1770–1827***, wurde in Bonn geboren.
	16	Wenn es geht, ***zehn***.
	16	Einverstanden, ***zwölf*** Uhr.
	97	Ja, ***zwölf*** Uhr.

4a	11/79*	Sie nehmen diese Tabletten und was ich Ihnen sonst noch verordnet habe, ***zehn*** Tage und nicht länger.
	35/79*	Er arbeitete ausdauernd und ohne zu ermüden, ***achtzehn*** Stunden lang.
	33	Die Ladung zu löschen, ***zwei*** Stunden sollte es dauern.
	30	Ich brauche, um anzurufen, ***fünf*** Minuten.
	44	Er mußte seinen Plan, aufzuhören und wegzufahren, ***zwei*** Tage später aufgeben.
	46	Zu verreisen, ***fünf*** Tage lang hatte sie sich schon darauf gefreut.

Zeitwörter

1	15	Wenn er nicht kommt, ***weiß*** ich nicht, was ich tue.
	12	Ich überlege mir gerade, ***soll*** ich ihn fragen, ***soll*** ich es lieber lassen?
	14	Ich weiß nicht, ***geht*** er zu Fuß, ***fährt*** er mit dem Bus, ***nimmt*** er sich ein Taxi oder ***kommt*** er überhaupt nicht?
	5	Morgens, es war gegen 9 Uhr, ***kam*** der erste Klient.
	8	Nachdem die Vorstellung beendet war, ***ging*** ich nach Hause.
	8	Ich weiß nicht, ***fährt*** der Zug nach Hamburg oder Berlin?
	1	***Gehen*** Sie ins Archiv, ***lassen*** Sie sich die Akte geben, ***schreiben*** Sie sich alles Wichtige heraus!
	15	Er glaubt, ***erwiesen*** sei es nicht, daß die Störungen, ***treten*** sie einmal auf, ständig wiederkehren.

Zahlwörter (bestimmt u. unbestimmt)

88* Ich komme am Dienstag ***um 18.10 Uhr*** in Frankfurt an.
88* Ich wette ***zehn*** zu ***eins*** für seinen Bruder.
88/8* Ich wette ***zehn*** zu ***eins***, daß er gewinnt.

11/79* Sie nehmen diese Tabletten und was ich Ihnen sonst noch verordnet habe ***zehn*** Tage und nicht länger.
35/79* Er arbeitete ausdauernd und ohne zu ermüden ***achtzehn*** Stunden lang.
32 Die Ladung zu löschen sollte ***zwei*** Stunden dauern.

Zeitwörter

13 Ich überlege mir gerade, ***soll*** ich ihn fragen oder ***soll*** ich es lieber lassen.

Zeitwörter

2	65	Der Mensch muß ***trinken, essen, schlafen***.
	65	Meine Frau ***putzt, bügelt, kocht*** und ***wäscht***.

3	29	Er hatte vor, ***essen*** zu gehen.
	29, 30	Es ist besser, ***essen*** zu gehen, als zu warten.
	36	Er schlug vor, ***essen*** zu gehen und nicht zu warten.
	38*	Er wünscht, ***essen*** zu gehen.
	39	Er wünscht jetzt, ***essen*** zu gehen.
	43	Sein Wunsch, ***versetzt zu werden, ging*** in Erfüllung.
	48	Sein Ziel war, ***wegzufahren***.
	50	Seine Absicht, ***auszuwandern*** und ein neues Leben zu beginnen, ***war*** keine Lösung.
	52*	Er wird versuchen, ***auszuwandern***, sobald es möglich ist.

4	16	Einverstanden, ***genehmigt***.
	97	Ja, ***weitermachen***!

zu

1	8	Er wollte wissen, ***zu*** wem sie ging.
	8	Ich möchte wissen, ***zu*** was du taugst.
	8	Er meint, ***zu*** Fuß ginge es schneller.
	1	***Zu*** dritt gingen sie hin, ***zu*** zweit kamen sie wieder.

2	65	Sie griffen ***zu*** Wasser, ***zu*** Land und in der Luft in die Feindseligkeiten ein.

3	29	Er hat sich entschlossen, ***morgen zu fahren***.
	29	Er hat sich entschlossen, ***morgen mittag zu fahren***.
	29	Er hat sich entschlossen, ***morgen mittag nach Hause zu fahren***.
	29	Er faßt den Entschluß, ***mit dem Auto zu fahren***.
	29	Sein Entschluß, ***mit dem Auto zu fahren***, stand fest.
	29	***Mit dem Auto zu fahren***, hat er sich heute entschlossen.
	30	Er ging in die Stadt, ***ohne zu fragen***.
	30	Er ging, ***ohne zu fragen***, in die Stadt.
	30	***Ohne zu fragen***, war er in die Stadt gegangen.
	30	Ich habe etwas Besseres zu tun, ***als zu warten***.
	30	Er arbeitet, ***um zu verdienen***.
	30	***Anstatt zu arbeiten***, ging er ins Kino.

Zeitwörter

–	Meine Frau ***putzt*** und ***bügelt***.

41	Er beschloß zu ***essen***.
41	Er hatte vor zu ***essen***.
37	Er scheint ***essen*** zu gehen.
38*	Er wünscht ***essen*** zu gehen.
–	Er wollte ***essen*** gehen.

52*	Er wird versuchen ***auszuwandern***, sobald es möglich ist.

---

zu

–	Er ist ***zu*** spät gekommen.
–	Er ging ***zu*** ihrem Vater.
–	Sie war nicht ***zu*** Hause.

67	Sie griffen ***zu*** Wasser und ***zu*** Land in die Feindseligkeiten ein.

41	Er hat sich entschlossen ***zu fahren***.
41	Er hat sich heute entschlossen ***zu fahren***.
41	Er hat sich heute mittag entschlossen ***zu fahren***.
41	Er faßt den Entschluß ***zu fahren***.
41	Sein Entschluß ***zu fahren*** stand fest.
41	***Zu fahren*** hat er sich heute entschlossen.
41	Er beschloß ***zu gehen***.
41	Er entschloß sich ***zu gehen***.
41	Er nahm sich vor ***zu gehen***.
41	Er hatte den Wunsch ***zu gehen***.
41	Ich gab ihm den Befehl ***zu gehen***.
41	***Zu gehen*** war er entschlossen.

3 30 Er hatte vergessen, ***sich zu rasieren***.
30 Die Möglichkeit, ***sich zu treffen,*** war nicht groß.
30 ***Ihn anzurufen***, bin ich nicht mehr bereit.
33 Die Arbeit ***zu vollenden, das*** machte Schwierigkeiten.
33 Keine Kommafehler ***zu machen, das*** wird durch dieses Buch ermöglicht.
33 Sich ***zu erinnern***, jetzt kam es ***darauf*** an.
33 Ihm ***zu vertrauen, das*** war nicht möglich.
30 Wir hatten versucht, ihn ***zu überzeugen***.
30 Er hat versucht, der Versuchung ***zu widerstehen***.
30 Er arbeitete, ***ohne zu ermüden***.
29 Er betrachtete das Bild, ***ohne*** sich um die anderen ***zu kümmern***, wie ein Sachverständiger.
29 Er hat sich vorgenommen, am Abend ins Kino ***zu gehen***, aber anschließend in einer Bar noch etwas ***zu trinken***.

---

3 31 Er riet, ***uns anzurufen***.
31 Er riet ***uns, anzurufen***.
29 Er ***hat*** vor, ***morgen zu fahren***.
29 Er ***hat*** vor, ***morgen mittag zu fahren***.
29 Er ***hat*** vor, ***morgen mittag nach Hause zu fahren***.
29 Er gibt den Anschein, es dem Zufall ***zu überlassen***.
29 Er hat die Angewohnheit, morgens zeitig ***aufzustehen***.
29 Es war nicht notwendig, uns darüber Gedanken ***zu machen***.
38* Er ***bittet***, sein gestriges Verhalten ***zu entschuldigen***.
38* Er ***wünscht***, es vorgelesen ***zu bekommen***.
38* Er ***hofft***, ihn ***zu verstehen***.
39 Er ***glaubt fest***, uns in der Hand ***zu haben***.
39 Ich ***fürchte allerdings***, Sie enttäuschen ***zu müssen***.
39 Ich ***gestatte mir nunmehr***, darauf ***hinzuweisen***.
39 Er ***begann heute***, seinen Umzug ***vorzubereiten***.
39 Wir ***hoffen bestimmt,*** von Ihnen ***zu hören***.
40 Er ***verspricht***, sich künftig ***zu bessern***.
40 Mein Bruder ***drohte*** [mir], sofort ***abzureisen***.
42 Er ist der Meinung, ***betrogen worden zu sein***.
42 Er glaubte fest, ***betrogen zu werden***.
44 Es war angenehm, ***zu liegen und zu lesen***.
44 Sein Plan, ***zu kommen und zu bleiben***, mußte aufgegeben werden.
44 Er hatte vor, ***anzurufen, zu schreiben oder zu telegrafieren***.
30 Aber das ist ja viel besser, ***als zu fahren***.
30 All das macht ihm ebensoviel Freude, ***wie zu reiten***.
60 ***Zu laufen*** ist besser, ***als mit dem Auto zu fahren***.

zu

41 Sein Entschluß ***zu gehen*** war nicht mehr zu ändern.
41 Ich bitte dich ***abzureisen.***
41 Er hat die Absicht ***abzureisen***.
32 Die Arbeit ***zu vollenden*** machte Schwierigkeiten.
32 Keine Kommafehler ***zu machen*** wird durch dieses Buch ermöglicht.
32 Sich ***zu erinnern*** war schwer.
32 Ihm ***zu vertrauen*** war nicht möglich.
34 Wir hatten ihn ***zu überzeugen*** versucht.
34 Der Versuchung hat er ***zu widerstehen*** vermocht.
35 Er arbeitete ausdauernd und ***ohne zu ermüden***.
35/79 Er betrachtete das Bild interessiert und ***ohne*** sich um die anderen ***zu kümmern***(,) wie ein Sachverständiger.
35 Er hatte sich vorgenommen, am Abend ins Kino ***zu gehen*** und anschließend in einer Bar noch etwas ***zu trinken***.

---

41 Er riet ihm ***anzurufen***.
41 Er gab uns den Rat ***anzurufen***.
37 Er ***hat*** morgen ***zu fahren***.
37 Er ***hat morgen mittag zu fahren***.
37 Er ***hat morgen mittag nach Hause zu fahren***.
37 Er scheint es dem Zufall ***zu überlassen***.
37 Er pflegt morgens zeitig ***aufzustehen***.
37 Wir brauchen uns darüber keine Gedanken ***zu machen***.
38* Er ***bittet*** sein gestriges Verhalten ***zu entschuldigen***.
38* Er ***wünscht*** es vorgelesen ***zu bekommen***.
38* Er ***hofft*** ihn ***zu verstehen***.
38 Er ***glaubt*** uns in der Hand ***zu haben***.
38 Ich ***fürchte*** Sie enttäuschen ***zu müssen***.
38 Ich ***gestatte mir*** darauf ***hinzuweisen***.
38 Er ***begann*** seinen Umzug ***vorzubereiten***.
38 Wir ***hoffen*** von Ihnen ***zu hören***.
40 Er ***verspricht*** ein guter Arzt ***zu werden***.
40 Der Baum ***droht*** auf die Straße ***zu stürzen***.
32 ***Betrogen zu werden*** ist nicht möglich.
37 Er ***scheint*** betrogen worden ***zu sein***.
45 ***Zu kommen und zu bleiben*** ist sein Wunsch.
45 Er braucht etwas Geld und ***zu essen und zu trinken***.

45 Er scheint ***zu kommen und zu bleiben***.
59 ***Zu laufen*** ist besser als ***zu fahren***.
59 ***Zu fahren*** macht ihm genausoviel Freude ***wie zu reiten***.
59 ***Zu laufen*** ist besser als ***zu fahren***.

zu

3	48	Sein Wunsch ist, ***zu gehen.***
	48	Seine Absicht war, ***abzureisen.***
	48	Sein Alptraum war, ***zu verlieren.***
	48	Sein Vorschlag ist, ***abzulehnen.***
		(Er schlägt vor, daß man etwas ablehnen soll.)
	43	Ich komme, ***zu dienen*** (= um zu dienen).
	43	Sie fuhren in die Stadt, ***einzukaufen*** (= um einzukaufen).
	43	Er suchte einen Platz, ***zu parken*** (= um zu parken).

3	46	***Zu gehen, das*** ist deshalb ihr Wunsch.
	46	***Anzurufen, es*** war leider nicht möglich.
	46	***Zu fahren, dazu*** war er entschlossen.
	47*	Er muß ***damit*** rechnen, ***zu verlieren.***
	47*	Er hat sich ***darauf*** gefreut, ***zu rauchen.***
	47*	Er denkt nicht ***daran, aufzugeben.***
	47*	Ich bringe ihn nicht ***dazu, zu verreisen.***
	47*	Ich habe ***es*** nicht nötig, ***zu warten.***
	47*	***Es*** ist besser für dich, ***zu laufen.***
	47*	Er liebt ***es, zu wandern.***
	47*	***Es*** ist jetzt günstig, ***zu kaufen.*** (Das Kaufen ist jetzt günstig.)
	52*	Es fällt dir schwer, ***zu sagen***, ob du kommst oder nicht.
	52*	Er hat die Absicht, ***auszusagen***, was er gesehen hat.
	52*	Es fiel ihm nicht leicht, ***zuzugeben***, während der Nacht geraucht zu haben.

4	87	Sehr viele, ***zu Anfang*** auch die dem Verein angehörenden Zuschauer johlten und pfiffen.
	88*	Er wurde, ***zu Unrecht***, damit in Zusammenhang gebracht.
	88*	Und dann kam, ***zur rechten Zeit***, sein Prokurist.
	88*	Er ist, seit Tagen schon, ***zu Hause.***
	27	Sein Onkel, ***zu faul*** zum Arbeiten, lag ihm auf der Tasche.
	27	Um 20 Uhr, ***zu spät*** fürs Theater, war er endlich da.
	27	Herr Fischer, ***zu einem Drittel*** Mitinhaber, mußte noch unterschreiben.
	27	Er stürzte sich, ***zu allem fähig***, auf ihn.
	86	Gerade ist er eingetroffen, ***zu Fuß.***
	85	Du bist zu nichts, ***zu gar nichts*** zu gebrauchen.

zu

41 Er hat den Wunsch ***zu gehen***.
41 Er hat die Absicht ***abzureisen***.
41 Er hatte den Alptraum ***zu verlieren***.
41 Sein Vorschlag ist ***abzulehnen***.
(Die anderen lehnen seinen Vorschlag ab.)
41 Er hatte die Pflicht ***zu dienen***.
41 Er hat die Absicht ***abzureisen***.
41 Er entschloß sich ***zu parken***.

---

41 ***Zu gehen*** ist deshalb ihr Wunsch.
41 ***Anzurufen*** war leider nicht möglich.
41 ***Zu fahren*** war er entschlossen.
47* Er muß ***damit*** rechnen ***zu verlieren***.
47* Er hat sich ***darauf*** gefreut ***zu rauchen***.
47* Er denkt nicht ***daran aufzugeben***.
47* Ich bringe ihn nicht ***dazu zu verreisen***.
47* Ich habe ***es*** nicht nötig ***zu warten***.
47* ***Es*** ist besser für dich ***zu laufen***.
47* Er liebt ***es zu wandern***.
37* ***Es*** ist jetzt günstig ***zu kaufen***. (Z. B.: Das Haus ist günstig zu kaufen.)
52* Es fällt dir schwer ***zu sagen***, ob du kommst oder nicht.
52* Er hat die Absicht ***auszusagen***, was er gesehen hat.
52* Es fiel ihm nicht leicht ***zuzugeben***, während der Nacht geraucht zu haben.

---

96 Der ***zu Hause*** nur mit wenigen Familienangehörigen arbeitende Betrieb ist trotz allem sehr lieferfähig.
88* Er wurde ***zu Unrecht*** damit in Zusammenhang gebracht.
88* Und dann kam ***zur rechten Zeit*** sein Prokurist.
88* Er ist seit Tagen schon ***zu Hause***.

zu

4a 79* Sie tranken ihren Kaffee dann in Ruhe und ohne von jemandem zur Eile angetrieben zu werden, ***zu Hause*** auf der Terrasse.
8, 41 Er befahl dem Lehrling, der erst seit kurzem eingestellt war, ***zu öffnen***.
91, 41 Er bat den Vertreter, Herrn Bachmann, ***zu unterschreiben***.
86, 41 Er entschloß sich plötzlich, und zwar nach dem Anruf, ***wegzufahren***.

zumal [da]/[wenn]

8 Ich freue mich auf Tirol, ***zumal*** ich noch nie dort gewesen bin.
8 Ich reise gern dorthin, ***zumal da*** mein Bruder mich auf die Berge führen wird.
8 Fußgänger sind bei Nacht schwer zu sehen, ***zumal wenn*** sie dunkle Kleider tragen.
86 Fußgänger, ***zumal*** dunkelgekleidete, sind bei Nacht schwer zu sehen.

zum Beispiel (z. B.)/zum Teil (z. T.)

54 Die Gäste sind ***zum Teil*** gestern, ***zum Teil*** erst heute früh abgereist.
86 Er geht oft spazieren, ***z. B.*** am Rhein.
86/8 Er geht oft spazieren, ***z. B.***, wenn die Schule aus ist.
87 Sehr viele, ***z. B.*** alle neuen Schüler beteiligten sich schlecht am Unterricht.
86 Er erhält viel Post, ***zum Teil*** aus Übersee.
87 Sehr schöne, ***zum Teil*** auch ganz extravagante Kleider waren ausgestellt.

zu

79* Sie tranken ihren Kaffee dann in Ruhe und ohne von jemandem zur Eile angetrieben zu werden ***zu Hause*** auf der Terrasse.

zumal [da]/[wenn]

zum Beispiel (z. B.)/zum Teil (z. T.)

– Die Gäste sind ***zum Teil*** schon gestern abgereist.

– Er geht ***zum Beispiel*** oft am Rhein spazieren.

96 Diese ***zum Teil*** wunderschönen Kleider sind sehr teuer.

Zweiter Teil

Regeln

zur Zeichensetzung

Komma

I. DAS KOMMA ZWISCHEN SÄTZEN

A. Das Komma zwischen Hauptsätzen (Satzverbindungen)

Eine Satzverbindung besteht aus zwei oder mehreren Hauptsätzen, die in enger gedanklicher Verbindung zueinander stehen und deshalb nicht durch einen Punkt getrennt werden. Der zweite Hauptsatz wird oft durch nebenordnende Bindewörter (Konjunktionen) wie „denn, deshalb, aber" u. v. a. eingeleitet.

---

1 1. **Nebengeordnete Hauptsätze (Satzreihe)** werden durch ein Komma getrennt. (Semikolon vgl. 152–161)

---

2 2. **Nebengeordnete Hauptsätze** werden auch dann durch ein Komma getrennt, wenn sie durch Bindewörter (Konjunktionen) wie
„und, oder, weder – noch, entweder – oder, bzw."
verbunden sind.

---

3 **Kein Komma** steht,

a) wenn kurze, eng zusammengehörende Hauptsätze durch „und", „oder" usw. verbunden sind, die den gleichen Satzgegenstand haben.

4 b) wenn Hauptsätze, die durch „und, oder, weder – noch, entweder – oder" und „bzw." verbunden sind, einen Satzteil gemeinsam haben, der nur einmal genannt wird.

---

5 3. **Eingeschobene Hauptsätze (Schaltsätze)** werden durch Kommas, Gedankenstriche oder Klammern abgetrennt (vgl. 102, 107; 201, 224).

5a **Kein Komma** steht,
wenn Schaltsätze formelhaft gebraucht werden.

Komma

Das Licht ging aus, die Leute wurden unruhig. 1
Der Nebel verzog sich, die Sonne brach hervor, die Fahrt konnte beginnen.
Fahren Sie jetzt zum Bahnhof, ***denn*** der Zug kommt bald.
Ich war krank, ***deshalb*** konnte ich nicht kommen.

Der Auftrag war erteilt, ***und*** die Arbeit konnte beginnen. 2
Sollen wir schon anfangen, ***oder*** sollen wir erst aufräumen?
Er hat ***weder*** angerufen, ***noch*** hat er geschrieben.
Sie geben mir jetzt ***entweder*** eine Zusage, ***oder*** Sie müssen auf den Auftrag verzichten.

Er redet ***und*** er redet. 3
Er schreibt ***oder*** er telefoniert.
Höre erst ***und*** antworte dann!
Aber: Er schreibt, und ***sie*** liest.

Ich nehme den Lift ***und*** warte unten. (ich = gemeinsam) 4
Wir antworten schriftlich ***oder*** rufen an. (wir = gemeinsam)
Entweder ruft Karl seinen Vater an ***oder*** Fritz seinen Onkel. (ruft an = gemeinsam)
Aber: Entweder ***ruft*** Karl seinen Vater, oder Fritz ***ruft*** seinen Onkel.

Morgens, ***es war gegen 9 Uhr,*** kam der erste Klient. 5
Seine Unruhe, ***er stand dauernd auf und lief herum,*** machte die anderen nervös.

Ich habe ihn (,) ***wer weiß wie lange*** (,) nicht mehr gesehen. 5a
Ich bin (,) ***weiß Gott*** (,) nicht kleinlich.

Komma

B. Das Komma zwischen Haupt- und Gliedsätzen (Satzgefüge)

Gliedsätze (Nebensätze) stehen stellvertretend für ein Satzglied.

Hauptsätze sind für sich allein verständlich,
Gliedsätze ergeben erst in Verbindung mit dem Hauptsatz einen Sinn.

---

6 *Gliedsätze mit Einleitewörtern*

Als Einleitewörter kommen vor:

Unterordnende Bindewörter: „daß, als, wenn, weil, obgleich, obwohl, obschon, bevor, nachdem, während, wie, indem, ob“ u. v. a.

Fürwörter (Pronomen) und Umstandsfürwörter (Pronominaladverbien): „welcher, welche, welches; der, die, das; wer, was, was für ein; wo, wann, weshalb, womit, woran, wonach“ u.v.a.

Gliedsätze mit Einleitewörtern haben eine vom Hauptsatz abweichende Wortstellung (Endstellung der Satzaussage/des Prädikats).

---

7 *Gliedsätze ohne Einleitewörter*

Gliedsätze ohne Einleitewörter stehen meistens in der Möglichkeitsform (Konjunktiv) und haben oft Anfangsstellung der Satzaussage (Prädikat). Man kann sich ein Einleitewort dazudenken.

---

8 **1. Haupt- und Gliedsatz** werden durch Komma getrennt.

Der Gliedsatz kann Vordersatz, Zwischensatz oder Nachsatz sein.

Wenn ein Zwischensatz vorangeht, muß auch in den unter 4 und 39 genannten Fällen vor „und“, „oder“ oder „bzw.“ ein Komma gesetzt werden (vgl. 39).

Auch nach dem unvollständigen Hauptsatz (er steht meist voran) folgt ein Komma.

Komma

Ich schloß das Fenster wegen des Regens.
Ich schloß das Fenster, weil es regnete.

Hauptsatz: Ich schloß das Fenster.
Gliedsatz: weil es regnete.

Es ist schön, ***daß du*** *noch kommst.* 6
Das ist die Frau, ***die*** *ich in der Küche sah.*
Ich weiß nicht, ***was*** *mir noch bevorsteht.*

Diese Straße ***führt*** *nach Berlin.*
Das ist die Straße, die nach Berlin ***führt.***

Ich nahm an, er sei gesund. (. . ., daß er gesund sei) 7
Versagen die Bremsen, dann sind wir verloren (. . ., wenn die Bremsen versagen)
Ich weiß nicht, soll ich noch warten oder nicht. (. . ., ob ich noch warten soll oder nicht)

Nachdem die Vorstellung beendet war, ging ich nach Hause. 8
Ich ging, ***nachdem*** die Vorstellung beendet war, nach Hause.
Ich ging nach Hause, ***nachdem*** die Vorstellung beendet war.
Ich nehme den Lift, wenn er in Betrieb ist, ***und*** warte unten.
Wir hoffen, Ihnen hiermit gedient zu haben, ***und*** grüßen Sie . . .
Vielleicht (geschieht es), ***daß*** er noch eintrifft.
Und wie (wäre es), ***wenn*** er nicht käme?

9 Der Gliedsatz wird auch dann vom Hauptsatz durch ein Komma getrennt, wenn er mit „und“ beginnt.

Dasselbe gilt, wenn statt des Gliedsatzes eine erweiterte Grundform erscheint (vgl. 29).

---

10 **Kein Komma** steht,

wenn der Gliedsatz einer Aufzählung folgt, zur Aufzählung gehört und durch „und“, „oder“ oder „bzw.“ eingeleitet wird (vgl. 70).

11 Folgt einem solchen Gliedsatz noch eine zusätzliche Ergänzung, so ist es freigestellt, ein Komma zu setzen oder nicht (vgl. 79).

---

12 2. **Gliedsätze gleichen Grades** werden durch Komma getrennt.

---

13 **Kein Komma** steht,

wenn Gliedsätze gleichen Grades durch „und“, „oder“ oder „bzw.“ verbunden sind.

14 Stehen mehrere Gliedsätze gleichen Grades hintereinander, kann man sie als Aufzählung auffassen. Auch hierdurch erklärt sich das fehlende Komma vor dem letzten Gliedsatz, der mit „und“, „oder“ oder „bzw.“ eingeleitet wird (vgl. 67).

---

15 3. **Gliedsätze verschiedenen Grades** werden durch Komma getrennt.

Komma

Ich beobachtete ihn, ***und da*** er nicht fleißig arbeitete, war der Fall für mich erledigt. 9

Ich sah einen Hasen, ***und*** um ihn besser beobachten zu können, nahm ich das Fernglas.

Der Meister holte einen Wagenheber, einen Schraubenschlüssel, eine Kombinationszange ***und was er sonst noch für die Reparatur brauchte.*** 10

Der Meister holte einen Wagenheber, einen Schraubenschlüssel, eine Kombinationszange und was er sonst noch für die Raparatur brauchte (,) aus der Garage. 11

Wir merkten bald, ***daß*** er mit der Arbeit nicht zurechtkam, ***daß*** er sich aber große Mühe gab. 12
Wir erfuhren, ***daß*** wir nicht nur kein Geld bekommen konnten, ***sondern daß*** wir auch noch hinzuzahlen mußten.

Es wird sich herausstellen, ***warum*** er gestern ferngeblieben ist ***und weshalb*** er uns nicht verständigt hat. 13
Es ist noch nicht sicher, ***ob*** wir den Auftrag ausführen ***oder ob*** wir ihn wieder zurückgeben.

Der Anwalt hat uns verständigt, ***daß*** wir den Prozeß gewonnen haben, ***daß*** die Sache damit endgültig entschieden ist ***und daß*** wir mit der Entscheidung sehr zufrieden sein können. 14

Er meinte, ***daß*** er sich nicht in eine Situation bringen wolle, ***die*** seiner beruflichen Laufbahn schaden könne. 15
Er ist der Überzeugung, ***daß*** die Kopfschmerzen, ***die*** er seit einigen Tagen verspürt, durch das Wetter hervorgerufen werden.
Er erinnerte sich, ***daß*** er einen Freund besaß, ***der*** ihm schon einmal geholfen hatte, ***als*** er in größter Not war.

C. Das Komma bei Auslassungssätzen (Ellipsen)

16 Das Komma steht bei Auslassungssätzen wie bei vollständigen Haupt- und Gliedsätzen.

---

17 **Kein Komma** steht,

a) wenn mit „wie" oder „wenn" eingeleitete unvollständige Gliedsätze formelhafte Redewendungen geworden sind.

18 b) wenn „bitte" nur den Sinn einer Höflichkeitsformel hat.

19 Nur wenn „bitte" auffordernd betont ist, kann es als Auslassungssatz aufgefaßt werden. In diesem Falle muß es durch Komma abgetrennt werden.

II. DAS KOMMA BEI MITTELWORT- UND GRUNDFORM-GRUPPEN (PARTIZIPIAL- UND INFINITIVGRUPPEN)

20 *Grundform (Infinitiv, Nennform)*

Unter Grundform versteht man die einfache, ungebeugte Form des Zeitwortes (Verbs).

Mittelwort (Partizip)

1. *Das Mittelwort der Gegenwart (Partizip Präsens) drückt ein gegenwärtiges, andauerndes Geschehen aus.*
2. *Das Mittelwort der Vergangenheit (Partizip Perfekt) bezeichnet ein bereits vergangenes, abgeschlossenes Geschehen.*

Komma

Ich werde vorbeikommen, ***wenn möglich***. (. . ., wenn es möglich ist.) 16
Er weiß nicht, ***was tun***. (. . . , was er tun soll.)
Freut mich, daß du noch kommst. (Es freut mich, . . .)
Ausgeschlossen, daß er noch kommt. (Es ist ausgeschlossen, ***daß*** . . .)
Bedaure, schon ausverkauft. (Ich bedauere, es ist schon ausverkauft.)
Ende gut, alles gut. (Wenn das Ende gut ist, so ist alles gut.)

Wir bestellen die Lieferung ***wie gehabt.*** 17
Auch diesmal möchten wir ***wenn möglich*** Rabatt bekommen.

Bitte beachten Sie die neuen Abfahrtszeiten. 18
Bitte rufen Sie in einer Stunde noch einmal an.
Kommen Sie doch ***bitte*** etwas näher.

Bitte, fahre bei dem Nebel vorsichtig! 19
Wenn es so ist, ***bitte,*** dann tun Sie es!

20

Grundform oder Nennform (Infinitiv)	**Mittelwort der Gegenwart** (Partizip Präsens)	**Mittelwort der Vergangenheit** (Partizip Perfekt)
loben	*lobend*	*gelobt*
reden	*redend*	*geredet*
singen	*singend*	*gesungen*
anhalten	*anhaltend*	*angehalten*
vorbeifahren	*vorbeifahrend*	*vorbeigefahren*
belohnen	*belohnend*	*belohnt*
erfinden	*erfindend*	*erfunden*
verlieren	*verlierend*	*verloren*
zerreißen	*zerreißend*	*zerrissen*
entrinnen	*entrinnend*	*entronnen*
empfinden	*empfindend*	*empfunden*
mißlingen	*mißlingend*	*mißlungen*
studieren	*studierend*	*studiert*

Komma

21 *Man unterscheidet nichterweiterte und erweiterte Mittelwörter und Grundformen.*

Nichterweitert sind die einfachen Mittelwortformen der Gegenwart oder Vergangenheit (z. B. „lassend, gelassen") und die einfachen Grundformen oder die Grundformen mit zu (z. B. „lassen, zu lassen").

Erweitert sind die Mittelwortformen und Grundformen, wenn eine nähere Bestimmung hinzutritt (z. B. „zu Hause lassend, zu Hause gelassen; zu Hause lassen, zu Hause zu lassen").

---

22 **A. Mittelwortgruppen (Partizipialgruppen)**

1. Erweiterte Mittelwörter (Mittelwörter mit näherer Bestimmung)

Mittelwortgruppen mit näherer Bestimmung haben Eigengewicht und werden durch Komma abgetrennt.

Die Mittelwortgruppe kann am Satzanfang, am Satzende oder in der Mitte des Satzes stehen.

Mittelwörter mit näherer Bestimmung, die in der gebeugten (deklinierten) Form erscheinen, sind keine Mittelwortgruppen, sondern zu einem Hauptwort gehörende Beifügungen (z. B.: „die vom Sturm zerrissenen Fahnen"). (Vgl. 96)

22a Ein einfaches Mittelwort oder ein Mittelwort mit kurzer näherer Bestimmung kann auch dadurch besonderes Gewicht erhalten, daß es anstelle eines vollständigen Gliedsatzes steht.

22b Es gibt eine Anzahl formelhaft gebrauchter Mittelwortgruppen, die zwar eigentlich einen Gliedsatz vertreten, aber im Hauptsatz aufgegangen sind. Dann steht kein Komma, z. B.: strenggenommen, genaugenommen, im Grunde genommen, so gesehen, wie gesagt, abgesehen [da]von.

Komma

	Nichterweitert	Erweitert	21
Mittelwörter:	*lassend*	*außer acht lassend*	
	gegangen	*nach Hause gegangen*	
Grundformen:	*zu gehen*	*um zu gehen*	
		nach Hause zu gehen	
	anzuhören	*um die Oper anzuhören*	

Die Schwierigkeiten außer acht lassend, nahm er den Auftrag an. 22
Auf diese Idee gekommen, konnte er endlich beginnen.
Schließlich verließ er die Stadt, ***einen letzten Blick zurückwerfend.*** Gestern kam mein Freund an, ***von der langen Reise ziemlich erschöpft.*** Sie gingen, ***jedes Zimmer gründlich untersuchend,*** durch alle Stockwerke. Er verließ, ***von niemandem zurückgehalten,*** den Raum.

Zurückgewiesen, versuchte er es am folgenden Tage noch einmal. (= Obwohl er zurückgewiesen worden war, . . .) 22a
Eben heimgekehrt, mußte er am gleichen Tage wieder abreisen. (= Nachdem er eben heimgekehrt war, . . .)
Einmal angebrochen, hält sich die Konserve nur wenige Tage. (= Wenn sie einmal angebrochen ist, . . .)
Aber: Angebrochen hält sich die Konserve nur wenige Tage.

Strenggenommen ist die Spitzmaus gar keine Maus. 22b
Er hat ***genaugenommen*** ganz recht.
Ich habe ***wie gesagt*** keine Zeit dafür.
Aber: Ich habe, wie gesagt, keine Zeit dafür.

Komma

23 **Kein Komma** steht,

a) wenn die Mittelwörter „entsprechend" oder „betreffend" näher bestimmt sind. Diese Wörter werden wie Verhältniswörter (Präpositionen) gebraucht.

24 b) wenn das Mittelwort nur kurz näher bestimmt ist. Die kurze nähere Bestimmung steht in unmittelbarem Zusammenhang mit dem Mittelwort.

25 c) wenn das voranstehende näher bestimmte Mittelwort den Satzgegenstand (Subjekt) vertritt.

26 d) wenn die erweiterte Mittelwortgruppe durch „und", „oder" oder „bzw." mit einer vorangehenden erweiterten Mittelwortgruppe oder mit einem anderen vorangehenden Satzteil verbunden wird (vgl. 79).

---

27 Wortgruppen, bei denen man sich „habend", „seiend", „werdend" und „geworden" hinzudenken kann, sind den Mittelwortgruppen gleichzustellen und werden durch Komma abgetrennt.

27a Wird auf die als Subjekt vorangestellte Mittelwortgruppe (vgl. 25) mit einem hinweisenden Wort zurückgewiesen, muß ein Komma stehen.

---

28 **2. Nichterweiterte Mittelwörter (Mittelwörter ohne nähere Bestimmung)**

Nichterweiterte Mittelwörter (ohne nähere Bestimmung) stehen ohne Komma.

---

29 **B. Grundformgruppen (Infinitivgruppen)**

1. Die erweiterte Grundform

Die erweiterte Grundform mit **zu** wird durch ein Komma abgetrennt.

Die Grundform kann am Satzanfang, am Satzende oder in der Mitte des Satzes stehen (vgl. 8).

Komma

Das Fahrzeug wurde ***den Vorschriften entsprechend*** in Ordnung gebracht. 23
Entsprechend Ihren Wünschen haben wir das Muster geändert.
Ihre Anfrage ***betreffend*** teilen wir Ihnen mit, . . .

Laut protestierend sprang er auf. 24
Der Mantel wurde ***frisch gereinigt*** zurückgebracht.
(Die kurzen Bestimmungen „laut" bzw. „frisch" gehören zum Mittelwort.)

Jung gefreit hat nie gereut. (Frage: Was hat nie gereut?) 25
Frisch gewagt ist halb gewonnen. (Frage: Was ist halb gewonnen?)

Er nahm, vom Erfolg der Sache überzeugt ***und alle Schwierigkeiten außer acht lassend***, den Auftrag an. 26
Er verließ das Haus ohne Mantel ***und sich nicht um das schlechte Wetter kümmernd.***

Nach dem langen Tag sehr müde (seiend), ging ich zeitig zu Bett. 27
Er trat vor seine Mutter, die Blumen in der Hand (habend).
Er begann, plötzlich unsicher (werdend), zu stottern.
Allmählich kühner (geworden), begann er zu pfeifen.

Dreimal umgezogen, das ist so gut wie ausgebrannt. 27a
Frisch gereinigt, so erhielt er den Mantel zurück.

Singend saß er in der Badewanne. 28
Er kam ***gebräunt*** aus dem Urlaub zurück.
Er kam ***erfrischt*** aus dem Bad.

Ohne auf seine Krankheit Rücksicht zu nehmen, ging er ins Büro. 29
Er freute sich sehr, ***den Freund wiederzusehen.***
Die letzte Hoffnung, ***sein Ziel zu erreichen,*** war geschwunden.

Komma

30 Tritt zu dem bloßen **zu** ein einziges Wort (meist ein Bindewort) wie „als, anstatt, außer, ohne, um, sich" u. v. a., so gilt die Grundform bereits als erweitert.
Die rückbezüglichen Fürwörter (Reflexivpronomen) „mich, dich, sich" usw. sind als Erweiterung aufzufassen. Das ist auch dann der Fall, wenn das rückbezügliche Fürwort zur Grundform gehört (z. B. „sich schämen, sich ergeben, sich beeilen" usw.). Die Ansicht, in solchen Fällen das rückbezügliche Fürwort nicht als Erweiterung anzusehen, ist veraltet.

30a Werden aber zwei reine Grundformen mit „als, wie" usw. miteinander verglichen, steht **kein Komma** (vgl. 59).

---

31 Oft kann das Bindewort oder Umstandswort auch zu dem Zeitwort des Hauptsatzes in Beziehung gesetzt werden. Auch dann setzt man zur Vermeidung von Verwechslungen ein klärendes Komma, selbst wenn eine nichterweiterte Grundform folgt (vgl. 49).

---

32 **Kein Komma** steht,

a) wenn die erweiterte Grundform am Anfang steht und den Satzgegenstand (Subjekt) darstellt.

33 Es steht aber ein Komma, wenn durch ein Fürwort (Pronomen) oder Umstandsfürwort (Pronominaladverb) wie „dieses, jenes, es, das, selbst das, all das, dasselbe, sogar dieses, so etwas, solches, damit, darüber, daran" u. a. auf die am Anfang stehende Grundform hingewiesen wird.

---

34 b) wenn die erweiterte Grundform in den Hauptsatz einbezogen ist.

Komma

Ich habe etwas Besseres zu tun, ***als*** zuzuhören. 30
Du brauchst nichts zu tun, ***außer*** zu telefonieren.
Er sah es sich an, ***ohne*** einzuschreiten.
Wir arbeiten, ***um*** zu verdienen.
Wir beschlossen, ***uns*** zu vertragen.
Er hatte vergessen, ***sich*** zu rasieren.
Die Schwierigkeit, ***sich*** zu erinnern, war immer vorhanden.
Die Möglichkeit, ***euch*** auszuweichen, war erwogen worden.

Zu laufen ist besser ***als zu fahren.*** 30a
Zu fahren macht ihm genausoviel Freude ***wie zu reiten.***

Er beschloß, ***außerdem anzurufen.*** 31
Er ***beschloß außerdem,*** anzurufen.
Wir beauftragen ihn, ***morgen hinzufahren.***
Wir ***beauftragen ihn morgen,*** hinzufahren.

Gestern schon abzureisen war nicht möglich. 32
Die Stelle zu bekommen war sein größtes Ziel.
Das Haus zu verlassen war ihm nicht erlaubt.
(Frage in allen 3 Fällen: Was war . . .?)

Gestern schon abzureisen, ***es*** war nicht möglich. 33
Die Stelle zu bekommen, ***das*** war sein größtes Ziel.
Das Haus zu verlassen, ***selbst das*** war ihm nicht erlaubt.

Wir hatten sie zu überzeugen versucht. (Nicht einbezogen: Wir hatten versucht, sie zu überzeugen.) 34
Der Versuchung hat er zu widerstehen vermocht. (Nicht einbezogen: Er hat es vermocht, der Versuchung zu widerstehen.)

35 c) wenn die erweiterte Grundform durch „und", „oder" oder „bzw." mit einer vorangehenden erweiterten Grundform oder mit einem anderen vorangehenden Satzteil verbunden wird (vgl. 79).

36 Mehrere hintereinander folgende Grundformen können als Aufzählung aufgefaßt werden. Auch hierdurch erklärt sich das fehlende Komma vor der letzten Grundform, die durch „und", „oder", oder „bzw." eingeleitet wird (vgl. 67).

---

37 d) wenn der erweiterten Grundform Hilfszeitwörter oder hilfszeitwörtlich gebrauchte Zeitwörter vorausgehen, die eine enge Verbindung mit dem Zeitwort der erweiterten Grundform aufweisen.

Immer hilfszeitwörtlich gebrauchte Zeitwörter sind „brauchen, haben, sein, pflegen, scheinen".

38 Meistens hilfszeitwörtlich stehen die Zeitwörter: „bitten, wünschen, hoffen, glauben, helfen, versuchen, fürchten, erwarten, anfangen, aufhören, beginnen" u. v. a.

Nach diesen Zeitwörtern ist es freigestellt, ein Komma zu setzen oder nicht.

---

39 Aber es muß auf jeden Fall ein Komma stehen, wenn eine Umstandsangabe oder eine Ergänzung zu diesen Zeitwörtern hinzukommt, weil es sich dann immer um ein selbständiges Zeitwort handelt.

39a Es muß ebenfalls ein Komma stehen, wenn der Satz nach der Grundformgruppe weitergeführt wird (vgl. 8).

---

40 Die Zeitwörter „versprechen, drohen" können hilfszeitwörtlich oder als selbständiges Zeitwort gebraucht werden. Je nach dem Bedeutungsunterschied muß ein Komma gesetzt werden (selbständiges Zeitwort) oder nicht (hilfszeitwörtlicher Gebrauch).

Komma

Er hatte sich vorgenommen, am Abend ins Kino zu gehen ***und anschließend in einer Bar noch etwas zu trinken.*** 35
Er verließ sie ohne Abschied ***und ohne sich noch einmal umzusehen.***

Wir haben beschlossen, für das neue Waschmittel zu werben, eine Probesendung zu verschicken, die Reaktion der Kunden abzuwarten ***und*** dann mit der Produktion zu beginnen. 36

Er ***braucht*** nur im Büro ***anzurufen.*** 37
Er ***hatte*** an diesem Ort nichts ***zu suchen.***
Er ***ist*** nicht vor morgen ***zu erwarten.***
Wir ***pflegen*** die Aufträge ordnungsgemäß ***zu erledigen.***
Er ***scheint*** nicht der zuständige Direktor ***zu sein.***

Wir ***bitten*** (,) den Anordnungen Folge zu leisten. 38
Wir ***hoffen*** (,) Ihren Wünschen damit entsprochen zu haben.
Er ***glaubt*** (,) uns in seiner Hand zu haben.
Er ***versuchte*** (,) mit ihm einig zu werden.

Wir bitten ***dringend***, den Anordnungen Folge zu leisten. 39
Wir hoffen ***bestimmt***, Ihren Wünschen damit entsprochen zu haben.
Er glaubt ***fest***, uns in seiner Hand zu haben.
Er versuchte ***vergeblich***, mit ihm einig zu werden.

Wir ***bitten***, den Anordnungen Folge zu leisten, ***und*** verweisen nochmals auf die Bestimmungen. 39a
Wir ***hoffen,*** Ihren Wünschen damit entsprochen zu haben, ***und*** grüßen Sie . . .

Er ***verspricht*** ein guter Arzt ***zu werden.*** (es scheint so = hilfszeitwörtlich) 40
Er ***verspricht***, einen Arzt ***aufzusuchen.*** (versprechen = selbständiges Zeitwort)
Er ***drohte*** bei der Kälte ***zu erfrieren.*** (hilfszeitwörtlich)
Er ***drohte,*** sich über diese Behandlung ***zu beschweren.*** (selbständiges Zeitwort)

41 **2. Die nichterweiterte Grundform**

Die nichterweiterte (bloße, reine) Grundform mit **zu** wird nicht durch ein Komma abgetrennt; sie wird also wie ein Satzteil behandelt.
Die Grundform kann am Satzanfang, Satzende oder in der Mitte des Satzes stehen.

---

42 **Ein Komma** steht aber,

a) wenn die nichterweiterte Grundform mit **zu** in der Leideform (Passiv) steht, weil sie dann mehrteilig ist und dadurch Eigengewicht hat.

43 b) wenn „zu" in der Bedeutung von „um zu" verwendet wird.

44 c) wenn dem Hauptsatz mehrere reine Grundformen folgen oder in ihn eingeschoben sind, weil sie dann Eigengewicht haben und wie eine erweiterte Grundform wirken. Es gelten dann die Regeln für die erweiterte Grundform (vgl. 29).

---

45 Auch die Ausnahmen der Regeln für die erweiterte Grundform sind bei mehreren reinen Grundformen anzuwenden (vgl. 32, 33, 34, 37–40).

---

46 d) wenn durch ein Fürwort (Pronomen), ein Umstandswort (Adverb) oder eine Umstandsbestimmung wie „dieses, jenes, es, darauf, daran, das, selbst das, all das, dasselbe, sogar dieses, so etwas, solches, mit dieser Möglichkeit" u. a. auf die am Anfang stehende Grundform hingewiesen wird (vgl. 84).

Komma

Zu verhandeln ist er geneigt. 41
Abzureisen war nicht möglich.
Wir hatten uns vorgenommen ***zu schweigen.***
Endlich war er ***zu sprechen*** bereit.
Er hatte ***zu schweigen*** gelernt.

Ich habe den Eindruck, ***betrogen zu werden.*** 42
Er ist der Meinung, ***verfolgt worden zu sein.***

Sie fuhren in die Stadt, ***einzukaufen.*** (. . . , um einzukaufen) 43
Ich komme, ***zu dienen.*** (. . . , um zu dienen)

Es war angenehm, ***zu liegen und zu lesen.*** 44
Die Kunst, ***zu reden und zu gefallen,*** war ihm nicht gegeben.
Wir beschlossen, ***zu schreiben, zu telefonieren oder hinzufahren.***

Anzurufen oder zu schreiben war nicht möglich. (Vgl. 32 45
Anzurufen oder zu schreiben, ***das*** war nicht möglich. (Vgl. 33)
Wir hatten anzurufen oder zu schreiben beschlossen. (Vgl. 34)
Wir haben anzurufen oder zu schreiben. (Vgl. 37–40)

Zu rauchen, ***darauf*** hatte er sich gefreut. 46
Zuzuschließen, ***daran*** hatte er nicht gedacht.
Zu helfen, ***das*** ist unser Wunsch.
Zu warten, ***mit dieser Möglichkeit*** mußten wir rechnen.

Komma

47 Steht eine nichterweiterte Grundform mit „zu“ **hinter** einem Satz mit solchen hinweisenden Wörtern, dann ist das Komma freigestellt.

Das voranstehende „es“ ist als hinweisendes Wort meistens so schwach, daß man im allgemeinen kein Komma dahinter setzt. Unter keinen Umständen ist ein Komma zu setzen, wenn das „es“ ein Hauptwort vertritt. (Es könnte „etwas“ dafür stehen.)

---

48 e) wenn die reine Grundform mit **zu** als Satzgegenstand hinter der Satzaussage folgt und ein Ergänzungsglied („Gleichsetzungsnominativ“) vorangeht. Die Grundform könnte dann durch ein Hauptwort im Werfall (oder ein hauptwörtlich gebrauchtes Wort) ersetzt werden.

---

49 f) wenn Mißverständnisse entstehen können.
Der häufigste Fall ist die Verwendung von Bindewörtern oder Umstandswörtern, die sowohl zum Zeitwort des Hauptsatzes als auch zur Grundform mit **zu** in Beziehung gesetzt werden können (vgl. 31).

---

50 g) wenn eine reine und eine erweiterte Grundform zusammenstehen. Es gelten dann die Regeln für die erweiterte Grundform (vgl. 29).

51 Auch die Ausnahmen der Regeln für die erweiterte Grundform sind anzuwenden (vgl. 32–34, 37–40).

Komma

Er dachte seit gestern nicht mehr ***daran*** (,) zu verreisen. 47
Er hatte sich ***darauf*** gefreut (,) wegzufahren.
Er hatte ***mit der Möglichkeit*** gerechnet (,) wegzufahren.
(Er hatte ***damit*** gerechnet (,) . . .)
Es ist nicht gut (,) zu schweigen.
Ich habe ***es*** nicht nötig (,) zu warten.
Er liebt ***es*** sehr (,) zu rauchen.
Es ist schwer zu begreifen. (Das Thema ist schwer zu begreifen.)
Es ist nicht gut zu verpacken. (Das Bild . . .)
Aber: ***Es*** ist schwer (,) zu schweigen.

Sein Alptraum war, ***zu verlieren.*** (Was war sein Alptraum? – ***der Verlust***) 48
Als letzter Ausweg blieb, ***wegzufahren.*** (Was blieb als letzter Ausweg? – ***das Wegfahren***)
Unser Wunsch ist, ***beizutreten.*** (Was ist unser Wunsch? – ***der Beitritt***)
Seine Meinung war, ***abzulehnen.*** (Was war seine Meinung? – ***die Ablehnung, das Ablehnen***)
Aber: Seine Meinung war abzulehnen. (Was war abzulehnen? – ***seine Meinung;*** „abzulehnen“ ist jetzt nicht Satzgegenstand, sondern Satzaussage; keine Substantivierung möglich.)

Er ***befahl uns,*** zu fahren. – Er befahl, ***uns zu fahren.*** 49
Er ***beschloß außerdem,*** anzurufen. – Er beschloß, ***außerdem anzurufen.***
Wir ***beauftragen ihn morgen,*** hinzufahren. – Wir beauftragen ihn, ***morgen hinzufahren.***

Es ist sein Ziel, zu heiraten und eine Familie zu gründen. 50
Sein Wunsch, zu arbeiten und den Garten zu bestellen, ging in Erfüllung.

Anzurufen oder einen Brief zu schreiben war nicht möglich (vgl. 32). 51
Anzurufen oder einen Brief zu schreiben, ***das*** war nicht möglich (vgl. 33).
Wir hatten anzurufen oder einen Brief zu schreiben beschlossen (vgl. 34).
Wir haben anzurufen oder einen Brief zu schreiben (vgl. 37–40).

52 Wird eine nichterweiterte Grundform durch einen Gliedsatz oder eine erweiterte Grundform näher bestimmt, ist das Komma freigestellt.

52a Nach Hilfszeitwörtern darf natürlich kein Komma gesetzt werden (vgl. 37).

---

53 **III. DAS KOMMA ZWISCHEN SATZTEILEN**

Satzteile sind einzelne Wörter, Wortgruppen oder Glieder innerhalb eines Satzes, die sich nicht zu Hauptsätzen, Gliedsätzen oder verkürzten Gliedsätzen (Mittelwort- oder Grundformgruppen) zusammenschließen.

Satzteile werden immer dann durch Komma getrennt, wenn der freie Fluß des Satzes gehemmt wird, z. B. durch Häufung gleicher Wortarten (Aufzählung), herausgehobene Satzteile, Gegensatzbezeichnungen, Einschübe und Zusätze, Ausdrücke der Stellungnahme, Ausrufe und Anreden.

---

54 **A. Bindewörter zwischen Satzteilen**

1. Anreihende Bindewörter (kopulative Konjunktionen)

Satzteile, die durch anreihende Bindewörter in der Art einer Aufzählung verbunden sind, werden durch Komma getrennt. Hierher gehören die anreihenden Bindewörter „bald – bald, einerseits – andererseits, einesteils – andernteils, jetzt – jetzt, ob – ob, teils – teils, nicht nur – sondern auch, halb – halb; auch, außerdem, ferner“ u. a.

55 **Kein Komma**

steht aber bei folgenden anreihenden Bindewörtern:
„und, oder, bzw., sowie, wie; sowohl – als auch, weder – noch“.
Diese Bindewörter verbinden sinngemäß eng zusammengehörige Satzteile. Daher unterbleibt die Kommasetzung.

Wir fanden es günstiger (,) zu fahren, weil das Wetter sich verschlechtert hatte. 52
Es fällt dir schwer (,) zu sagen, ob du kommst oder nicht.
Es fiel ihm nicht leicht (,) zuzugeben, während der Nacht geraucht zu haben.

Er ***ist*** nur dann ***zu fragen***, wenn etwas Unvorhergesehenes eintritt. 52a
Er ***pflegt*** nicht ***zu unterschreiben***, ohne alles durchgelesen zu haben.

Einerseits sind es persönliche Gründe, ***andererseits*** berufliche. 54
Seine Einnahmen stammten ***teils*** aus Kreditgeschäften, ***teils*** aus Abzahlungsfinanzierungen, ***teils*** aus Börsenspekulationen.
Die Ware war ***nicht nur*** beschädigt, ***sondern auch*** unvollständig.
Er fährt nach Paris, ***außerdem*** nach London.

Ich kaufe mir Schuhe ***und*** Kleider. 55
Die Lieferung muß morgen ***oder*** übermorgen bei Ihnen eintreffen.
Ich werde morgen ***bzw.*** übermorgen vorsprechen.
Lassen Sie sich ein Antragsformular ***sowie*** die dazugehörenden Anlagen geben.
Das Haus war innen ***wie*** außen verwahrlost.
Wir stellen ***sowohl*** Fertigwaren ***als auch*** Halbfabrikate her.
Das gehört ***weder*** mir ***noch*** dir.

56 **2. Entgegensetzende und ausschließende Bindewörter (adversative und disjunktive Konjunktionen)**

Durch ein Bindewort herausgestellte, d. h. besonders betonte Satzteile, die einen Gegensatz zu einer voranstehenden Aussage bilden, werden durch Komma abgetrennt. Hierher gehören die entgegensetzenden Bindewörter „aber, allein, jedoch, doch, vielmehr, sondern, dagegen, hingegen, dennoch, gleichwohl“ u. a.;

ebenso die ausschließenden Bindewörter „sonst, andernfalls“.

57 **Kein Komma**

steht aber bei dem zweigliedrigen Bindewort „entweder – oder“.

---

58 **3. Andere Bindewörter**

Satzteile, die durch ein Bindewort besonders herausgehoben werden, sind durch Komma zu trennen.
Außer anreihend, entgegensetzend und ausschließend (vgl. 54–57) können die Bindewörter begründend, steigernd, bedingend, vergleichend, einräumend usw. sein: „nämlich, zumal; ja, geradezu; sofern, falls; ebenso, also, gleichwie; obgleich, trotzdem, wenn auch, wiewohl“ u. v. a.

59 **Kein Komma**

steht vor den vergleichenden Bindewörtern „als, so – wie, denn (veraltet für ‚als‘)“.

Auch bei zwei miteinander verglichenen reinen Grundformen mit „zu“ steht kein Komma.

---

60 Das Komma steht erst dann, wenn ein Gliedsatz (Nebensatz) oder eine erweiterte Grundform mit **zu** vorliegt.

Komma

Er fährt sicher, ***aber*** langsam. 56
Er kam jeden Morgen, ***doch*** immer zu spät.
Ich möchte keine Einzelstücke, ***sondern*** eine ganze Kiste.

Heute trinkt er Wein, ***sonst*** meistens Bier.

Ich nehme ***entweder*** den Omnibus ***oder*** ein Taxi. 57
Ich rufe ***entweder*** an ***oder*** schreibe.

Das Leben ist teuer, ***zumal*** heute. 58
Er ist frech, ***ja*** ungezogen.
Ich werde es ihnen schicken, ***sofern*** vorhanden.
Er liebt Schubert, ***ebenso*** Brahms.
Er war freundlich, ***wenn auch*** zurückhaltend.

Die Maschine erledigt es schneller ***als*** 100 Fachkräfte. 59
Wir aßen nichts weiter ***als*** Brot.
Herr Meier ist noch nicht ***so*** lange im Geschäft ***wie*** Herr Schulz.
Sie sind ärmer ***denn*** je zuvor.
Seine Erfolge beruhten mehr auf Glück ***denn*** auf Können.
Zu laufen ist besser ***als zu fahren.***
Zu fahren macht ihm genausoviel Freude ***wie zu reiten.***

Die Arbeit war doch wesentlich schwerer, ***als*** wir im ersten Moment geglaubt hatten. 60
Er macht es jetzt so gut, ***wie*** es eine gelernte Fachkraft nicht besser machen kann.
Er konnte nichts anderes tun, ***als*** die Polizei zu rufen.
Aber: Er konnte nichts anderes tun ***als*** um Hilfe zu rufen.
Zu laufen ist besser, ***als*** mit dem Auto zu fahren.

Komma

61 Das Komma ist freigestellt, wenn ein „wie“ nähere Erläuterungen zu einem voranstehenden Bezugswort einleitet.

---

62 **Herausgehobene Satzteile im Inneren von Sätzen**

Stehen Satzteile, die (meist durch Bindewörter) besonders herausgehoben werden, im Innern eines Satzes, ist zwischen folgenden Fällen zu unterscheiden:

1. Es handelt sich um eine nähere Bestimmung; der Einschub wird in Kommas eingeschoben.

63 2. Es handelt sich um eine Ergänzung, die als Aufzählung aufzufassen ist (man könnte „und“ setzen); das Komma steht nur vor der Ergänzung, nicht aber am Ende.

64 3. In manchen Fällen ist eine klare Unterscheidung nicht möglich. Es bleibt dann dem Schreibenden freigestellt, ein Komma am Ende der Ergänzung zu setzen oder nicht.

---

65 **B. Aufzählungen von Satzteilen**

Zwischen aufgezählten Satzteilen steht im allgemeinen ein Komma. Es können einzelne Wörter oder aus mehreren Wörtern bestehende Wortgruppen aufgezählt werden.

66 Auch eine Aneinanderreihung von Hauptsätzen, Gliedsätzen, Mittelwort- und Grundformgruppen kann als Aufzählung aufgefaßt werden.

---

67 **Kein Komma** steht zwischen aufgezählten Satzteilen,

a) wenn die Satzteile durch „und, oder, bzw; sowie, wie (anreihend); weder – noch, sowohl – als auch, entweder – oder“ verbunden sind.

68 Wird ein Glied des zweigliedrigen Bindewortes „weder – noch“ innerhalb der Aufzählung wiederholt, so ist vor dem wiederholten Glied ein Komma zu setzen.

Komma

Er verkauft Südfrüchte (,) ***wie*** Apfelsinen, Zitronen, Bananen usw. 61
Er verkauft Südfrüchte (,) ***wie*** Apfelsinen, Zitronen, Bananen (,) auf dem Markt.

Ich bin immer, ***zumal vormittags***, zu Hause. 62
Er hat mich gestern, ***also am Sonntag***, besucht.

Er war freundlich, ***wenn auch zurückhaltend*** zu seinem Chef. 63
Er fuhr schnell, ***aber sicher*** nach Hause.

Er ist unvorsichtig, ***ja sogar verantwortungslos*** (,) auf dieser belebten Straße gefahren. 64

Im Zoo sah ich Löwen, Elefanten, Tiger, Affen. 65
Der Mensch muß trinken, essen, schlafen.
Ich hätte gern ein großes Stück Kuchen, drei Brötchen, ein halbes Pfund Kaffee, ein Brot von gestern.

Der Vater geht zur Arbeit, die Mutter putzt die Wohnung, die Großeltern gehen spazieren, die Kinder müssen zur Schule. 66
Er entschloß sich, die Ware zu bestellen, einen Teil zurückzulegen, das übrige aber sofort zu benutzen.

Er ist am Montag, Dienstag ***und*** Mittwoch zu Hause. 67
Er ist montags, dienstags ***wie*** mittwochs zu Hause.
Er ist entweder montags, dienstags ***oder*** mittwochs zu Hause.

Er ist ***weder*** montags ***noch*** dienstags, ***noch*** mittwochs zu Hause. 68
Er ist ***weder*** montags, ***weder*** dienstags ***noch*** mittwochs zu Hause.
Er ist ***entweder*** montags ***oder*** dienstags ***oder*** mittwochs zu Hause.

Komma

69 Wird eine Aufzählung mit „usw., usf., u. ä., u. a.“ usw. abgeschlossen, so steht ebenfalls kein Komma.

70 Das Komma steht bei der Aufzählung auch dann nicht vor „und“ usw., wenn eine Grundformgruppe oder ein Gliedsatz folgt (vgl. 10).

70a Mit Verhältniswörtern gebildete Umstandsangaben, die sich sinngemäß ergänzen, gelten im allgemeinen nicht als Aufzählung. Hier steht also kein Komma.

---

71 b) wenn Eigenschafts- oder Mittelwörter aufgezählt werden, von denen das letzte Wort mit dem Hauptwort einen Gesamtbegriff bildet.

---

72 In manchen Fällen entscheidet der Sinn des Satzes, welche Eigenschafts- oder Mittelwörter noch Teile der Aufzählung sind, also ein Komma verlangen, und welche mit dem Hauptwort einen Gesamtbegriff bilden, also ohne Komma stehen. Das Komma ist hierbei in der Lage, Gegensätze hervorzuheben.

72a c) wenn Beifügungen nicht parallel, d. h., wenn sie ungleich gebeugt sind.

---

73 d) wenn Hinweise auf Gesetze, Verordnungen usw. aufgezählt werden.

---

74 e) wenn vorangestellte Namen und Titel aufgezählt werden. Mehrere Vornamen werden nicht durch Komma getrennt.

Komma

Er kauft Bananen, Zitronen, Apfelsinen ***u. a.*** 69

Er macht seine Arbeit gewissenhaft ***und*** ohne sich stören zu lassen. 70
Die Kinder pflückten Gänseblümchen, Veilchen, Schlüsselblumen ***und*** was sie sonst noch auf der Wiese fanden.

Deine Brille liegt ***im*** Wohnzimmer ***auf*** dem Tisch. 70a
. . . ***auf*** dem Tisch ***im*** Wohnzimmer.
Später kehrte er ***nach*** Frankfurt ***zu*** seinen Eltern zurück.
. . . ***zu*** seinen Eltern ***nach*** Frankfurt zurück.

Er führt billige ***japanische Rundfunkgeräte*** ein. 71
Er haßt schreiende ***kleine Kinder.***

Er spielte die bekannnten ***spät entstandenen Werke.*** 72
(und nicht die unbekannten spät entstandenen Werke)
Er spielt die ***bekannten***, spät entstandenen ***Werke.***
(und nicht die bekannten, aber früh entstandenen Werke)
Auch in seltenen Fällen mit 3 Begriffen möglich:
Er kauft teure ***langstielige rote Rosen.***
(und nicht billige langstielige rote Rosen)
Er kauft ***teure***, kurzstielige ***rote Rosen.***
(und nicht teure, aber langstielige rote Rosen)
Er kauft ***teure***, kurzstielige, gelbe ***Rosen.***
(und nicht teure, aber langstielige, aber rote Rosen)

. . . solch***e*** unhöflich***en*** Worte . . . 72a
. . . manch***e*** alt***en*** Weiber . . .

Wir verweisen auf § 18 Absatz 3 Satz 4 der Verkaufsbedingungen. 73

Herrn Direktor Dr. Hans-Hartmut Schmidt 74
Johann Sebastian Bach
August Wilhelm Heinrich Müller

Komma

75 Hinter den Zunamen gestellte Vornamen und Titel werden durch Komma getrennt.

76 Auch bei „geb., verh., verw., gesch." steht in der Regel kein Komma. Das Komma ist aber freigestellt, weil die Bezeichnung des Geburtsnamens usw. auch als Beisatz aufgefaßt werden kann.

---

77 f) wenn die aufgeführten Satzteile, z. B. als Postanschrift, untereinander stehen.

---

78 Der letzte Bestandteil einer Aufzählung wird nicht durch ein Komma von dem weitergeführten Satz abgetrennt.
Die Datumsangabe mit „am" und nachfolgendem Wenfall wird als Aufzählung aufgefaßt; daher wird vor dem weitergeführten Satz kein Komma gesetzt.

79 Folgt nach einer Aufzählung mit abschließender Grundformgruppe, Mittelwortgruppe oder abschließendem Gliedsatz noch eine zusätzliche Ergänzung (z. B. eine Umstandsbestimmung), so ist es freigestellt, ein Komma zu setzen oder nicht (vgl. 11).

---

80 **Kommasetzung bei**

1. **Aufzählungen von Wohnungsangaben**
   Die einzelnen Satzteile, die Sinneinheiten darstellen, werden durch ein Komma getrennt.
   Der Name ist der Wohnungsaufzählung vorangestellt, ohne zu ihr zu gehören (vgl. 91).

80a Wird die Ortsangabe durch ein Verhältniswort (aus, in usw.) an den Namen angeschlossen, so ist sie kein eigenständiges Aufzählungsglied, wird also nicht durch ein Komma abgetrennt.

Komma

Schmidt, Hans-Hartmut, Direktor 75

Mechthild Meier geb. Schlott verw. Schmidt gesch. Müller 76
Mechthild Meier, geb. Schlott, verw. Schmidt, gesch. Müller

Dr. Fritz Bergmann 77
Syndikus
6 Frankfurt/Main
Offenbacher Straße 12

Es war eine unbeleuchtete, unfreundliche, schmutzige Straße. 78
Franzosen, Engländer und Deutsche bevölkerten den Strand.
Er kam ***am*** Freitag, ***den*** 3. Juni aus dem Urlaub zurück.

Er redet frei, mit guter Aussprache ***und ohne zu stocken*** (,) über die geplante Reise. 79
Er redet frei, mit guter Aussprache ***und alles klar erläuternd*** (,) über die Reise.
Die Kinder pflückten Gänseblümchen, Veilchen, Schlüsselblumen und ***was sie sonst noch auf der Wiese fanden*** (,) für ihre Mutter.

Werner Müller, Frankfurt/Main, Zeil 102, Hinterhaus, 4. Stock rechts. 80

Werner Müller ***in*** Frankfurt/Main, Zeil 102, Hinterhaus, 4. Stock. 80a

81 **2. Aufzählungen von Stellenangaben in Büchern, Schriftstücken usw.**

Die einzelnen Satzteile, die Sinneinheiten darstellen, werden durch ein Komma getrennt. (Vgl. 73)

---

82 **3. Aufzählungen von Orts- und Zeitangaben**

Die einzelnen Satzteile, die Sinneinheiten darstellen, werden durch ein Komma getrennt.

82a Die Uhrzeit wird als gleichberechtigtes Aufzählungsglied behandelt; wenn sie also als letzter Teil einer Aufzählung auftritt, folgt kein Komma.

---

83 Wird ein Satz nach einer Aufzählung von Wohnungsangaben, Stellenangaben bzw. Orts- und Zeitangaben weitergeführt, so ist es freigestellt, vor der Weiterführung ein Komma zu setzen. Man kann nämlich die aufgeführten Satzteile sowohl als Aufzählung (dann kein Komma, vgl. 78) als auch als Beisätze (dann Komma, vgl. 91) auffassen.

Bei der Datumsangabe wird zwischen drei Fällen unterschieden:

a) ohne „am", nachfolgender Wenfall:
Das Komma ist freigestellt.
b) mit „am", nachfolgender Wenfall:
Ohne Komma (Aufzählung, vgl. 78)
c) mit „am", nachfolgender Wemfall:
Mit Komma (Beisatz, vgl. 91)

---

84 **C. Herausgehobene Satzteile, Einschübe und Zusätze**

1. Wiederaufgenommene Satzteile

Ein Komma steht nach herausgehobenen, also besonders betonten Satzteilen, die im anschließenden Satz durch ein Fürwort (Pronomen), Umstandswort (Adverb) u. a. wieder aufgenommen werden.
Dieselbe Regel ist anzuwenden, wenn der herausgehobene Satzteil am Ende und der hinweisende Satz am Anfang steht.

Komma

Meyers Kleines Konversationslexikon, 6. Auflage, erschienen 1899, 3. Band, Seite 595, rechte Spalte. 81

Frankfurt/Main, den 3. Juni 1939 82
Mittwoch, 2. Mai 1847, 12 Uhr, Hotel „Adler"

Mittwoch, den 25. Juli, ***20 Uhr*** findet die Sitzung statt. 82a

---

Das Haus ***in*** Frankfurt, Ortsteil Bornheim, Große Straße 17(,) wurde abgerissen. 83
Aber:
Herr Müller, Frankfurt, Zeil 102, ist umgezogen (vgl. 91).
Diese Stelle wurde aus Meyers Konversationslexikon, 6. Auflage, 3. Band(,) entnommen.

Er kam Freitag, ***den*** 3. Juni (,) an. (Wenfall)
Er kam ***am*** Freitag, ***den*** 3. Juni an. (vgl. 78)
Er kam ***am*** Freitag, ***dem*** 3. Juni, an. (vgl. 91)

Das Gesicht dort, ***es*** kommt mir bekannt vor. 84
Dieser Kerl, gestern erst hat ***er*** sich gemeldet!
In der dritten Straße links, ***da*** geschah das Unglück.
Ich werde ***sie*** finden, die Schwindlerin!
Hast du ***ihn*** gesehen, den Bundespräsidenten?

85 **2. Wiederholung**

Ein Komma steht, wenn ein Satzteil durch wörtliche oder verstärkende Wiederholung herausgestellt wird.

---

86 **3. Nachgestellte nähere Bestimmungen**

Nachgestellte, besonders betonte nähere Bestimmungen werden durch ein Komma abgetrennt.
Stehen sie innerhalb eines Satzes, werden sie in Kommas eingeschlossen (vgl. 62). Solche näheren Bestimmungen werden oft eingeleitet durch
„nämlich, und zwar, und das, d. h., d. i., z. B.“ u. a.
Nachgestellte nähere Umstandsbestimmungen werden ebenfalls durch Komma abgetrennt.

87 Wird die Beifügung eines Hauptwortes durch eine zweite Beifügung näher bestimmt, dann steht nur vor dieser näheren Bestimmung ein Komma, aber nicht zwischen ihr und dem Hauptwort. Das Hauptwort darf nämlich nicht von seinen Beifügungen getrennt werden. Die erste Beifügung kann z. B. ein Eigenschaftswort, Fürwort oder Zahlwort sein.

88 Falls einzelne Wörter und Wortgruppen (vor allem Umstandsbestimmungen), die besonders hervorgehoben werden sollen, an der üblichen Stelle innerhalb des Satzes stehen, können sie auch hier durch Komma getrennt werden.

---

89 **4. Eigenschafts- und Mittelwörter**

Dem Hauptwort nachgestellte Eigenschafts- und Mittelwörter werden durch ein Komma abgetrennt.
Am häufigsten ist die Nachstellung mehrerer Wörter.
Wenn ein einziges Eigenschafts- oder Mittelwort einem Hauptwort nachgestellt wird, geschieht es meist, um das Hauptwort hervorzuheben (oft bei Schimpfwörtern). Das Eigenschaftswort erscheint in der gebeugten (deklinierten) Form.

90 **Kein Komma** steht,
wenn das nachgestellte einzelne Eigenschaftswort mit dem vorangestellten Hauptwort zu einer zusammengehörigen festen Redewendung (oft im dichterischen Gebrauch) geworden ist. Das Eigenschaftswort wird nicht gebeugt (dekliniert).

Komma

Endlich, endlich waren wir am Ziel. 85
Wir mußten lange, sehr lange warten.

Sie rufen mich täglich an, ***und zwar*** um 10 Uhr. 86
Vitamine können auch schaden, ***z. B.*** durch Überdosierung.
Du wirst mich morgen, ***d. h. am Sonntag,*** antreffen.
Rufen Sie mich morgen, ***und zwar um 10 Uhr,*** im Büro an!
Ich sage nichts, kein Wort.
Schließlich kam er nach Hause, morgens um 4 Uhr.
Ich werde es tun, ganz allein!

Er kaufte sich ein broschiertes, d. h. ein ungebundenes Buch. 87
Sehr viele, vor allem die von weit her gekommenen Zuschauer waren begeistert.
Wir mußten etwa zwanzig, und zwar alle für das Ausland bestimmten Briefe frankieren.

Ich fühle mich ***besonders am Abend*** müde. 88
Ich fühle mich, ***besonders am Abend***, müde.

Er kam nach Hause, ***müde und abgespannt.*** 89
Das Gesicht, ***hochmütig und ausdruckslos,*** war dem Sprechenden zugewandt.
Betrüger, ***gemeiner!***
Lackaffe, ***eingebildeter!***

Wenden Sie sich an Schmidt ***junior!*** 90
Herr Ober! Ein Bier ***hell*** und ein Bier ***dunkel!***
Hänschen ***klein*** . . .
Röslein ***rot*** . . .
Bei einem Wirte ***wundermild*** . . .

91 **5. Beisätze (Appositionen)**

Nachgestellte Beisätze (Appositionen) werden durch Komma abgetrennt.
Die Datumsangabe mit **am** und nachfolgendem Zusatz im Wemfall (Dativ) wird als Beisatz aufgefaßt.
Nachfolgender Wenfall (Akkusativ) vgl. 78, 83, 95.
Die einem Namen folgende Wohnungsangabe wird immer als Beisatz aufgefaßt und vom weitergeführten Satz durch ein Komma abgetrennt (vgl. 83, aber auch 80 a).

92 **Kein Komma** steht aber,

wenn der nachgestellte Beisatz zum Namen gehört, also Beiname ist. Das gilt auch, wenn der Beiname ein Hauptwort ohne Artikel, aber mit Verhältniswort ist.

92a Wenn der Beiname aus einem Hauptwort mit Beifügung besteht, steht ein Komma.

---

93 Werden mehrere Beisätze nachgestellt, dann werden diese durch Komma voneinander getrennt, sofern sie nicht durch „und", „oder" oder „bzw." miteinander verbunden sind.

---

94 Ein fehlendes Komma hinter einem Beisatz kann Mißverständnisse hervorrufen!

---

95 In manchen Fällen kann ein Satzteil als Einschub oder Zusatz angesehen werden. Es bleibt deshalb dem Schreibenden überlassen, ob er diesen Satzteil durch ein Komma abtrennen will oder nicht. Hierher gehört auch die Datumsangabe ohne „am" und mit nachfolgendem Wenfall (vgl. 83).

Komma

Ludwig van Beethoven, ***einer der größten Komponisten***, lebte in Wien. 91
Seine Tante, ***die störrische alte Dame***, hat mich nicht gerufen.
Der Vertreter der Druckerei, ***Herr Bachmann***, kommt gerade an.
Seine Rede, ***besonders der Schluß***, war sehr interessant.
Er kam ***am*** Freitag, ***dem 5. Juni***, aus dem Urlaub zurück.
Herr Müller, Frankfurt, Zeil 102, ist umgezogen.

Ludwig ***der Fromme*** war der Sohn Karls ***des Großen***. 92
König Johann ***ohne Land*** folgte 1199 seinem Bruder Richard Löwenherz.

Friedrich Wilhelm, ***der Große Kurfürst***, schlug die Schweden. 92a

---

Dr. Remberg, ***Industrieller aus Köln, Konsul von Guatemala***, hat eben den Salon betreten. 93
Dr. Remberg, ***Industrieller aus Köln und Konsul von Guatemala***, hat eben den Salon betreten.

Dr. Müller, ***der Direktor***, und ich mußten verhandeln. 94
(2 Personen, Beisatz)
Dr. Müller, der Direktor ***und*** ich mußten verhandeln.
(3 Personen, Aufzählung)

Das herrliche Tor schoß unser Mittelstürmer (,) Gerhard Meier. 95
Sein Chef (,) Dr. Raumann (,) war anderer Meinung.
Er kam Freitag, ***den*** 3. Juni (,) aus dem Urlaub zurück.

96 **6. Zum Hauptwort gehörende Beifügungen**

Nicht als Einschübe dürfen Beifügungen gewertet werden, die zwischen dem Begleitwort eines Hauptwortes (Artikel, Fürwort, Zahlwort) und dem Hauptwort stehen. Ein nochmaliges Auftreten eines zweiten zum Hauptwort gehörenden Begleitwortes ist hierbei (im Unterschied zu 87) nicht möglich.

Zwei Beifügungen: vgl. 87.

---

97 **D. Ausdrücke der Stellungnahme, Ausrufe und Anrede**

1. **Vorangestellte Ausdrücke der Stellungnahme**, z. B. des Überlegens, Erstaunens, der Bekräftigung, Bejahung, Verneinung usw. werden durch Komma abgetrennt. Hierher gehören z. B.:
„immerhin, nun ja, wahrhaftig, in der Tat, allerdings, gewiß, ja, nein" u. a. (vgl. 105).

---

98 2. **Das Empfindungswort (Ausrufewort)** wird, wenn es besondern betont ist, durch Komma abgetrennt.

99 **Kein Komma** steht,

wenn sich das Empfindungswort eng an den Text anschließt.

---

100 3. **Die Anrede** wird durch Komma abgetrennt.

101 Die vorangestellte Anrede in Briefen kann statt durch ein Ausrufezeichen auch durch ein Komma vom übrigen Brief getrennt werden.

Komma

Der ihn kontrollierende Beamte . . . 96
Auf dieser durch starke Regenfälle beschädigten Straße . . .
Einige wenn auch noch so geringfügige Unterlassungen . . .
Viele von weit her gekommene Zuschauer waren begeistert (vgl. 87).
Wir mußten zwanzig für das Ausland bestimmte Briefe frankieren (vgl. 87).

Wahrhaftig, es wäre möglich! 97
Nun ja, ich werde es mir überlegen.
In der Tat, er hat es geschafft!
Ja, das ist zu machen!
Nein, den kenne ich nicht!

Ach, das tut mir leid! 98
Oh, das gibt Ärger!

O schöner, grüner Wald! 99
Ach so, deshalb ist er nicht gekommen!

Helmut, geh sofort nach Hause! 100
Fräulein Rita, können Sie Überstunden machen?
Ich versichere Ihnen, ***sehr geehrte Herren,*** daß der Auftrag pünktlich ausgeführt wird.

Sehr geehrter Herr Schmidt, 101
meinen Auftrag Nr. 137 möchte ich noch um 2000 Stück erhöhen.

IV. DAS KOMMA IN VERBINDUNG MIT UND ANSTELLE VON ANDEREN SATZZEICHEN

1. **Punkt** vgl. 1

2. **Doppelpunkt** vgl. 144, 148

3. **Semikolon** vgl. 152, 154, 156

102 4. **Ausrufe- und Fragezeichen**

Nach Empfindungswörtern (Ausrufewörtern) und Ausdrücken der Stellungnahme usw. ist anstelle des Kommas ebenfalls das Ausrufezeichen und manchmal auch das Fragezeichen üblich (vgl. 97, 98).
Vgl. auch 174, 175, 190–195.

---

103 5. **Gedankenstrich**

Ein Komma steht vor oder hinter einem in Gedankenstriche gefaßten eingeschobenen Satzteil oder Satz, wenn es auch ohne den eingeschobenen Satzteil oder Satz stehen müßte (vgl. 5).

104 Schließt der eingeschobene Satz mit einem Gliedsatz oder Beisatz, steht am Ende kein Komma, da der Gedankenstrich eine genügende Trennung darstellt.

105 Der Gedankenstrich kann statt des Kommas vor einem besonders betonten Satzteil stehen.

---

106 6. **Anführungszeichen**

Das Komma steht immer **nach** den schließenden Anführungszeichen.
Vgl. auch 210–212.

Komma

Ach! Das tut mir leid! ***Ach,*** das tut mir leid! 102
Ja! Das ist zu machen! ***Ja,*** das ist zu machen!
Wahrhaftig! Es wäre möglich! ***Wahrhaftig,*** es wäre möglich!
Wirklich? Hat er es geschafft? ***Wirklich,*** hat er es geschafft?

Da Sie nächste Woche verreist ***sind,*** werden wir Sie erst in vierzehn Tagen aufsuchen. 103
Da Sie nächste Woche verreist sind – das ist uns ***bekannt*** –, werden wir Sie erst in vierzehn Tagen aufsuchen.

Wir werden, ganz im Gegensatz zum Vorjahr, als wir einen beträchtlichen Verlust ***hatten,*** diesmal mit Gewinn abschließen. 104
Wir werden – ganz im Gegensatz zum Vorjahr, als wir einen beträchtlichen Verlust ***hatten*** – diesmal mit Gewinn abschließen.
Wir werden, das sagte uns Dr. Müller, ***unser Direktor,*** diesmal mit Gewinn abschließen.
Wir werden – das sagte uns Dr. Müller, ***unser Direktor*** – diesmal mit Gewinn abschließen.

Er kam an – mit großer Verspätung. 105

„Ich wundere ***mich“, sagte*** mein Freund . . . 106
Weil er gefragt hatte: „Wirst du heute ***kommen?“, mußte*** ich antworten.
Thomas Manns Roman „Der ***Zauberberg“,*** der 1924 entstand, . . .

107 **7. Klammern**

Nach in Klammern gesetzten Satzteilen oder Sätzen steht das Komma hinter der zweiten Klammer, wenn es auch ohne den eingeklammerten Satzteil oder Satz stehen müßte (vgl. 5).

---

108 **8. Unterführungen**

Wird in Listen, Tabellen usw. der **erste** Teil einer durch Komma getrennten Zusammensetzung unterführt, so gilt die Unterführung auch für das Komma.

109 Wird der **zweite** Teil unterführt, so muß das Komma gesetzt werden.

---

110 **I. DER PUNKT NACH SÄTZEN**

1. Aussagesätze

Ein Punkt steht nach Aussagesätzen, Satzverbindungen und Satzgefügen.

---

111 **Kein Punkt** steht,

a) wenn ein Aussagesatz in einen anderen Satz eingeschoben ist, hinter dem eingeschobenen Satz.

112 b) wenn ein Aussagesatz als Überschrift gebraucht wird (besonders bei Schlagzeilen in Zeitungen, vgl. 129).

113 c) wenn ein Aussagesatz mit einer Unterschrift schließt (vgl. 130).

---

114 **2. Wunsch- und Befehlssätze**

Ein Punkt steht nach Wunsch- und Befehlssätzen, die nicht nachdrücklich betont sind und als Aussagesatz ausgesprochen werden (vgl. 137).

Punkt

Er kaufte drei Apfelsinen (von der besseren Sorte), ein Pfund Salz und etwas Käse. 107
Als er unruhig wurde (er lief andauernd auf und ab), verließ ich das Zimmer.

Salz, lose: DM 0,30 108
" in Paketen: DM 0,35

Salz, lose: DM 0,30 109
Zucker ": DM 0,60

Im Winter ist es kalt. 110
Im Winter ist es kalt, und im Sommer ist es heiß.
Im Winter ist es kalt, während es im Sommer heiß ist.

Die Worte meines Freundes „Wir werden es schon ***schaffen***“ ***hatten*** mich ermutigt. 111

Schlagwetterexplosion verursacht Grubenunglück in Belgien 112
Arabische Staaten erstreben Einigung

Sei bis zum Sonntag ganz herzlich gegrüßt 113
von Deiner
Renate

Fahren Sie bitte in die Stadt. 114
Kommen Sie später vorbei.

114a Nach Auslassungssätzen und Satzstücken steht der Punkt wie nach vollständigen Sätzen. Im Auslassungssatz ist nur der Hauptbegriff angegeben, die übrigen Teile sind weggelassen.

114b Fußnoten werden nur ohne Punkt geschrieben, wenn sie aus einzelnen Wörtern bestehen. Man kann sie aber auch dann als Auslassungssätze auffassen und mit Punkt schreiben.

---

115 **3. Abhängige Sätze**

Ein Punkt steht nach abhängigen (indirekten) Fragesätzen, Ausrufesätzen, Wunschsätzen und Befehlssätzen.

---

116 **II. DER PUNKT NACH WÖRTERN, SATZTEILEN UND ZAHLEN**

1. Abkürzungen

Ein Punkt steht

a) hinter jedem abgekürzten Wort, das im vollen Wortlaut ausgesprochen wird.

117 b) hinter der Zusammenziehung von Einzelbuchstaben mehrerer Wörter, die im vollen Wortlaut ausgesprochen werden.

118 c) hinter abgekürzten näheren Ortsangaben, auch wenn diese nicht im vollen Wortlaut ausgesprochen werden.

119 d) hinter einigen Abkürzungen, bei denen die Aussprache des vollen Wortlautes oder die Aussprache einzelner Buchstaben üblich ist.

---

120 **Kein Punkt** steht

a) hinter Abkürzungen, die sich zu selbständigen „Buchstabenwörtern" entwickelt haben, bei denen also nur die einzelnen Buchstaben ausgesprochen werden.

Punkt

Kommst du morgen? Vielleicht. 114a
Wir essen pünktlich um acht. Auch ohne dich.

[2] Die Kennbuchstaben vor der Postleitzahl (D, CH, A usw.) werden nur bei Sendungen ins Ausland gebraucht. (DUDEN Taschenbuch 1, 1968, Seite 14) 114b

---

Er überlegte, wann er aufbrechen solle. 115
Sie jammerte, wie kalt es sei.
Er bat ihn, ruhig zu bleiben.
Er sagte dem Lehrling, er solle sofort zur Bank gehen.

---

d. h. = das heißt	bzw. = beziehungsweise	Prof. = Professor	116
z. B. = zum Beispiel	Dr. = Doktor	Abk. = Abkürzung	
i. V. = in Vertretung	vgl. = vergleiche	Tel. = Telefon	

usw. = und so weiter 117
usf. = und so fort
etc. = et cetera

Bad Homburg v. d. H. = Bad Homburg vor der Höhe 118
Friedrichsdorf i. Ts. = Friedrichsdorf im Taunus
Freiburg i. Br. = Freiburg im Breisgau

E. V. (e. V.)	= Eingetragener Verein	119
c. t.	= cum tempore (akademisches Viertel)	
i. A.	= im Auftrag	

USA	= United States of America	120
PKW	= Personenkraftwagen	
BGB	= Bürgerliches Gesetzbuch	

121 b) hinter Abkürzungen, die Kurzwörter bilden und in ihrem Lautwert ausgesprochen werden (besonders abgekürzte Firmennamen).

122 c) hinter Abkürzungen von Maßen, Gewichten, technischen Werten (physikalischen Größen; mathematischen, elektrischen u. ä. Werten) und chemischen Elementen.

123 d) hinter Abkürzungen von Währungseinheiten, Himmelsrichtungen und Zeitangaben.

124 e) hinter Abkürzungen von Lautstärkebezeichnungen in der Musik.

125 f) bei Abkürzungen, die zur Vereinfachung des Geschäftsverkehrs (besonders bei der Post, Bahn usw.) eingeführt wurden. (Diese Abkürzungen müßten eigentlich mit Punkt stehen, vgl. 116, 117.)

---

126 Steht am Satzende eine Abkürzung, die im allgemeinen ohne Punkt geschrieben wird, steht trotzdem der Schlußpunkt. Steht ein Abkürzungspunkt am Ende eines Satzes, dann gilt er gleichzeitig als Schlußpunkt.

127 Das gilt auch, wenn hinter dem Abkürzungspunkt noch ein schließendes Anführungszeichen steht (vgl. 223).

---

128 **2. Anschrift, Überschrift, Unterschrift**

Kein Punkt steht

a) bei Anschriften, Namens- und Ortsschildern, Visitenkarten, Briefköpfen usw.

129 b) hinter Überschriften aller Art (Schlagzeilen in Zeitungen, Aufsatzthemen, Kapitelüberschriften usw.), Titeln von Büchern, Zeitschriften usw. (vgl. 112).

130 c) hinter der Unterschrift (auch wenn diese den Satz abschließt) und im allgemeinen auch nicht hinter der vorstehenden Höflichkeitsformel (vgl. 113).

Punkt

Degussa = Deutsche Gold- und Silberscheideanstalt 121
Edeka = Einkaufsgenossenschaft deutscher Kaufleute
fob = free on board (frei an Bord)

m = Meter C = Celsius Na = Natrium 122
kg = Kilogramm Lg = Logarithmus V = Volt

DM = Deutsche Mark SO = Südost 123
Pf = Pfennig NW = Nordwest

MEZ = Mitteleuropäische Zeit
OEZ = Osteuropäische Zeit

p = piano (leise) 124
mf = mezzoforte (halblaut)

Hamburg Hbf = Hamburger Hauptbahnhof 125
Ffm = Frankfurt am Main

Es handelt sich nicht um einen Inspektor, sondern um einen Studienrat *a.D.* 126
Eingekauft werden Saatkartoffeln, Düngemittel *usw.*
Diese Bestimmung steht im BGB.

Schicken Sie eine Einladung an den Vorsitzenden des „Reiterclubs *e. V.*" 127

Gerhard Meier 128
6 Frankfurt/Main
Am Dornbusch 33

Angleichung der Tarife in Sicht 129
Ein Besuch im Zirkus
Frankfurter Allgemeine Zeitung

Hochachtungsvoll Es grüßt Dich herzlich 130
Hans Schulz Dein *Hans*

131 **3. Plakate, Schilder usw.**

Hinter Wörtern, Satzteilen oder Sätzen auf Plakaten, Schildern usw. und hinter Angaben auf Programmen, Tagesordnungen, Inhaltsangaben, Tabellen usw. steht kein Punkt.

---

132 **4. Ordnungszahlen**

Ein Punkt verwandelt eine Grundzahl in eine Ordnungszahl.

133 **5. Datumsangaben**

Am Ende der Datumsangabe steht kein Punkt.
Auch eine „abgekürzte“ Jahreszahl (1939 = 39) gilt nicht als Abkürzung und steht demnach ohne Punkt.

134 Nur wenn die Datumsangabe einen Satz abschließt, steht ein Punkt (Schlußpunkt).

---

135 **III. DER PUNKT IN ANDERER VERWENDUNG**

1. Der Punkt unterteilt Zeitangaben sowie ausländische Währungseinheiten. Zur Unterteilung von DM und Dpf wird das Komma verwendet.

136 2. Drei Punkte dienen als Auslassungspunkte, mehrere Punkte als Richtungspunkte.

---

137 **IV. DER PUNKT IN VERBINDUNG MIT UND ANSTELLE VON ANDEREN SATZZEICHEN**

1. Komma vgl. 1

2. Semikolon vgl. 152–157

3. Ausrufe- und Fragezeichen

Ein Punkt kann für ein Ausrufezeichen stehen, wenn ein Wunsch- bzw. Befehlssatz nicht nachdrücklich betont ist und wie ein Aussagesatz ausgesprochen wird (vgl. 114).
Manche Sätze können bei gleichem Wortlaut Aussagesätze (Punkt), Fragesätze (Fragezeichen) oder Ausrufesätze (Ausrufezeichen) sein.

Punkt

Philharmonisches Konzert 131
in der
Rheinhalle in Düsseldorf
Es spielen die Bamberger Symphoniker

---

1 = eins 1. = erstens; erster usw. 132
Heute ist der 1. (erste) April!

Frankfurt, den 5. ***Juni 1939*** 133
Frankfurt, 5. 6. ***39***

Er kam am Samstag, dem 5. ***Juni 1939.*** 134

Es ist jetzt ***12.05 Uhr.*** (12 Uhr und 5 Minuten) 135
Das kostet in Basel ***3.50 Franken.*** (3 Franken und 50 Rappen)
Das kostet ***3,50 DM.*** (3 Mark und 50 Pfennig)

Angestrengt blickte er geradeaus . . . 136
„Als ich in die Kanzlei trat . . ., sah der Amtmann . . .“(Zitat)
3. Kapitel .... Seite 74

Fahren Sie bitte in die Stadt. 137
(Fahren Sie jetzt sofort in die Stadt!)
Sie fahren mit der Bahn. (Aussagesatz)
Sie fahren mit der Bahn? (Fragesatz)
Sie fahren mit der Bahn! (Ausrufesatz)

138 **4. Gedankenstrich** vgl. 200

5. Anführungszeichen vgl. 222, 223

Wird ein Satz in wörtlicher Rede durch einen Einschaltsatz an einer Stelle unterbrochen, an der ein Punkt steht, so verschiebt sich der Punkt an das Ende des Einschaltsatzes (vgl. 161).

---

139 **6. Klammern**

Folgt einem Satz ein Zusatz in Klammern, so steht der Punkt **hinter** der schließenden Klammer.
Der Punkt steht nur dann **vor** der schließenden Klammer, wenn es sich bei dem Zusatz um einen Satz handelt, der (auch ohne Klammern) einen Punkt verlangt.
Ein in Klammern gesetzter eingeschobener Satz wird aber nicht mit dem Punkt abgeschlossen.

---

140 **I. DER DOPPELPUNKT VOR SÄTZEN**

1. Angekündigte Sätze

Angekündigte Sätze (vor allem nähere Erklärungen, Klarstellungen, Hinweise usw.) werden durch den Doppelpunkt eingeleitet.

Großschreibung nach dem Doppelpunkt

---

141 **2. Wörtliche Rede**

Die wörtliche Rede wird, wenn sie vorher angekündigt ist, durch den Doppelpunkt eingeleitet.

Großschreibung nach dem Doppelpunkt (Beginn der wörtlichen Rede)

(Die wörtliche Rede kann auch aus einzelnen Wörtern bzw. Satzteilen bestehen. Auch hier Großschreibung, da sich die einzelnen Wörter bzw. Satzteile als verkürzte Sätze auffassen lassen.)

141a Auch wenn der ankündigende Satz nach der wörtlichen Rede weitergeführt wird, steht der Doppelpunkt.

Doppelpunkt

Ohne Einschaltsatz: 138
Der Lehrer sagte: „Du bist ***faul.*** Jetzt hast du zum dritten Mal deine Hausaufgaben nicht gemacht."
Mit Einschaltsatz:
„Du bist ***faul***", sagte der ***Lehrer***. „Jetzt hast du zum dritten Mal deine Hausaufgaben nicht gemacht." (Verschiebung des Punktes)

Er wohnt in Oberursel (Taunus). 139
Er wohnt in Oberursel. (Diese Stadt liegt im Taunus.)
Dieser Hund (es war ein Spaniel) wurde mit einem Preis ausgezeichnet.

Somit sei es noch einmal gesagt: ***Morgen*** früh verhandeln wir mit den Herren aus Übersee. 140

Hinweis: ***Am*** Montag bleibt unser Geschäft geschlossen!

Er sagte: ***„Beeilen*** Sie sich mit Ihrer Arbeit!" 141
Lehrer: ***„Wiederhole*** den Satz!" – Schüler: ***„Ich*** habe ihn vergessen!"
Seine kurze Antwort war: ***„Niemals!"***
Der Trainer sagte nach dem verlorenen Spiel: ***„Kein*** Kommentar!"

Er sagte: „Beeilen Sie sich mit Ihrer Arbeit!" und ging wieder hinaus. 141a
Der Trainer sagte nach dem verlorenen Spiel: „Kein Kommentar!", doch die Reporter ließen nicht locker.

142 **3. Zusammenfassende Sätze**

Sätze, die eine vorangehende Aneinanderreihung von Feststellungen (Aufzählung) zusammenfassen, eine Folgerung daraus ziehen oder eine überraschende Wendung gegenüber dem Vorangehenden darstellen, werden durch den Doppelpunkt eingeleitet.

Kleinschreibung nach dem Doppelpunkt

---

143 **4. Satzperiode**

Vor dem am Ende einer Satzperiode stehenden Hauptsatz, dem mehrere zusammengehörige Nebensätze vorausgehen, steht ein Doppelpunkt.

Kleinschreibung nach dem Doppelpunkt

144 Wenn der Hauptsatz am Anfang der Satzperiode steht (die Nebensätze also folgen), steht kein Doppelpunkt, sondern ein Komma nach dem Hauptsatz.

---

145 **II. DER DOPPELPUNKT VOR EINZELNEN WÖRTERN UND SATZTEILEN**

1. Angekündigte Wörter und Satzteile

Angekündigte Wörter und Satzteile werden durch den Doppelpunkt eingeleitet.

Kleinschreibung nach dem Doppelpunkt

---

146 Der Doppelpunkt kann entfallen, wenn die Ankündigung zusammen mit dem folgenden Wort oder Satzteil als verkürzter Satz aufgefaßt werden kann.

(Einzelne Wörter oder Satzteile in der wörtlichen Rede vgl. 141)

---

147 **2. Angekündigte Aufzählungen**

Angekündigte Aufzählungen werden durch den Doppelpunkt eingeleitet.

Kleinschreibung nach dem Doppelpunkt

Doppelpunkt

Die Lage hatte sich verschlechtert, beunruhigende Nachrichten kamen von zu Hause, unsere Finanzlage war bedenklich: ***somit*** entschlossen wir uns, sofort abzureisen. 142
Wir hatten geschrieben, telefoniert, schließlich persönlich vorgesprochen: ***die*** Genehmigung wurde nicht erteilt.

Wenn du auf unsere Vorschläge eingehst, wenn du von deinen übergroßen Forderungen abkommst und dich unseren Bedingungen beugst: ***erst*** dann können wir eine gemeinsame Lösung finden. 143

Wir können erst dann eine gemeinsame Lösung ***finden***, wenn du auf unsere Vorschläge eingehst, von deinen übergroßen Forderungen abkommst und dich unseren Bedingungen beugst. 144

Nächste Hauptuntersuchung: ***morgen.*** 145
Per Telefon erreichte uns die freudige Nachricht: ***alles*** in Ordnung.
Der Wetterdienst teilt mit: ***stellenweise*** Frühnebel zwischen Mannheim und Heidelberg.

Ski und Rodel: ***gut*** 146
Ski und Rodel gut (verkürzter Satz)
Ende: ***gegen*** 22 Uhr
Ende gegen 22 Uhr (verkürzter Satz)

Er ist zu folgenden Zeiten zu erreichen: ***montags,*** mittwochs, freitags. 147
Kaufe bitte ein: ***ein*** Pfund Kaffee, drei Zitronen und etwas Käse.

148 Der Doppelpunkt steht nicht, wenn die Aufzählungen durch einen Ausdruck der näheren Bestimmung wie „nämlich, und zwar, und das, d. h., d. i., z. B." usw. eingeleitet werden. In diesem Falle steht ein Komma (vgl. 86).

---

149 **3. Angekündigte Wörter und Satzteile in Tabellen, Formularen und sonstigen Übersichten**

Der Doppelpunkt steht meistens bei angekündigten Wörtern bzw. Satzteilen in

a) Tabellen, Formularen, Statistiken u. ä.
b) Inhaltsangaben, Programmen, Vortragsfolgen u. ä. (Zur Weglassung des Doppelpunktes vgl. auch 146)
c) Zeugnissen, vor Unterschriften u. ä.

In allen Fällen: **Kleinschreibung nach dem Doppelpunkt**

---

150 **III. DER DOPPELPUNKT IN VERBINDUNG MIT UND ANSTELLE VON ANDEREN SATZZEICHEN**

1. Komma vgl. 144, 148

2. Gedankenstriche und Klammern

Folgt ein Doppelpunkt hinter einem durch Gedankenstriche oder Klammern eingeschlossenen Satz, so steht er **hinter** dem schließenden Gedankenstrich bzw. **hinter** der schließenden Klammer.

151 Statt des Doppelpunktes kann ein Gedankenstrich stehen, wenn der folgenden Ankündigung ein besonders starker Nachdruck verliehen werden soll (vgl. 202).

---

152 **I. DAS SEMIKOLON ZWISCHEN SÄTZEN**

1. Satzverbindung (Verbindung von Hauptsätzen)

a) Zwischen Hauptsätzen kann anstelle des Kommas ein Semikolon stehen, wenn die Trennung stärker zum Ausdruck kommen soll. (Komma vgl. 1, 2)

153 b) Bei kurzen Hauptsätzen ist besonders dann ein Semikolon angebracht, wenn sie stark gegensätzlich sind.

Semikolon

Er arbeitet an drei ***Tagen, nämlich*** am Montag, am Mittwoch und am Freitag. 148

Stadt:	**Land:**	**Einwohnerzahl:**
Liegenau	Hessen	50 000
Oberwaldau	Bayern	20 000

Name: Schmidt 149
Vorname: Hans
Geburtsdatum: 1. 5. 1925
Staatsangehörigkeit: deutsch

Beethoven: Klavierkonzert Es-Dur
Solist: Heinrich Müller
Dirigent: Gerhard Meier

Mathematik: gut
Sozialkunde: gut
Der Direktor: . . .

Ich sagte zu ihm – noch immer stand er vor der ***Tür*** –: „Tritt doch näher!“ 150
Schließlich meinte er (ohne die Gefahr zu ***bemerken***): „Wir gehen am besten sofort!“

Zum Schluß blieb uns nur noch eine Möglichkeit – sofortige Verhandlungen mit Maier & Co. 151

Gestern hatte ich meine Anmeldung abgeschickt; heute muß ich noch einmal zum Rathaus wegen meiner Papiere; aller Wahrscheinlichkeit nach werde ich am Wochenende sämtliche Angelegenheiten geregelt haben. 152

Reden ist Silber; ***Schweigen*** ist Gold. 153
Mancher bevorzugt ***schnelles Handeln;*** ein anderer ist mehr für ***Bedächtigkeit.***

Semikolon

154 c) Auch Hauptsätze, die mit Bindewörtern wie „aber, allein, also, dadurch, dagegen, daher, darum, denn, dennoch, deshalb, doch, nur, so, trotzdem“ u. a. verbunden werden, können anstelle des Kommas mit einem Semikolon getrennt werden.

(Aufgezählte Sätze bzw. Gruppen vgl. 158)

154a Wenn die Sätze dem Inhalt nach eng zusammengehören, kann das Semikolon zwischen Hauptsätzen anstelle eines Punktes stehen, auch wenn die Sätze verschiedene Subjekte haben.

---

155 **2. Satzgefüge (Verbindungen von Haupt- und Gliedsätzen)**

a) Mehrere kurze Satzgefüge werden im allgemeinen durch Semikolon getrennt.

156 b) Ein Semikolon sollte vor allem anstelle eines Kommas bei Satzgefügen gesetzt werden, wenn Mißverständnisse entstehen können. Das ist besonders der Fall bei spiegelbildlichen Anordnungen (Chiasmus): Hauptsatz – Gliedsatz; Gliedsatz – Hauptsatz.

157 c) In der Satzperiode (Großsatz) setzt man zur besseren Gliederung zwischen den einzelnen Haupt- bzw. Nebensätzen das Semikolon.

Bekannt sind besonders die Großsätze in der Literatur (z. B. bei Kleist, Kant u. a.).

Semikolon

Wir werden Sie wohl morgen besuchen; ***doch*** wir können es Ihnen nicht versprechen. 154
Wir müssen unsere Aktien verkaufen; ***nur*** dadurch können wir die Finanzierung ermöglichen.

Die Stellung der Werbeabteilung im Organisationsplan ist in den einzelnen Unternehmen verschieden; sie richtet sich nach den Anforderungen, die an die Werbung gestellt werden. 154a
(Meyers Handbuch über die Wirtschaft, 1966, Seite 127)

Rufe mich an, sobald du Näheres weißt; komme bitte vorbei, wenn Unvorhergesehenes eintritt. 155

Wir werden uns entscheiden müssen, wenn wir nicht in Zeitnot kommen wollen; ***wenn wir kein großes Risiko eingehen wollen, müssen wir sofort handeln.*** 156

Im letzten Sommer, als wir unseren Urlaub in Griechenland verbrachten, war es sehr heiß; daher mußten wir, besonders gegen Mittag, meist im Schatten bleiben; nur wenn etwas Wind vorhanden war, konnten wir uns in die Sonne legen. 157
Plötzlich entstand im Zirkus eine Panik: das Licht erlosch, eine technische Störung war eingetreten; schrille Schreie ertönten, die Menschen sprangen von ihren Plätzen auf; die Tiere wurden unruhig, Gebrüll kam aus den Käfigen; einen Moment lang herrschte ein unbeschreibliches Durcheinander, alles war vor Furcht erstarrt; doch endlich flammten die Lichter wieder auf, alles war vorüber, die Vorstellung konnte weitergehen.
1. Gruppe: Ausbruch der Panik
2. Gruppe: Reaktion der Menschen
3. Gruppe: Reaktion der Tiere
4. Gruppe: Allgemeine Reaktion
5. Gruppe: Ende der Panik

158 **II. DAS SEMIKOLON ZWISCHEN WÖRTERN ODER SATZTEILEN**

Werden bei einer Aufzählung Wörter oder Satzteile (seltener auch Sätze, vgl. 157) zu Gruppen zusammengefaßt, so setzt man als Trennung der einzelnen Gruppen das Semikolon.

159 Sehr häufig wird das Semikolon als Trennung von Gruppen im Sport (Fußballmannschaften u. ä.) angewendet.

III. DAS SEMIKOLON IN VERBINDUNG MIT UND ANSTELLE VON ANDEREN SATZZEICHEN

160 1. **Komma** vgl. 152, 154, 156

2. **Punkt** vgl. 152, 153

3. **Gedankenstrich** vgl. 103

4. **Unterführungen** vgl. 108, 109

5. **Anführungszeichen und Klammern**
Folgt ein Semikolon einer in Anführungszeichen gesetzten Anführung (Zitat) oder einem Zusatz in Klammern, so steht es **hinter** dem Anführungszeichen bzw. **hinter** der schließenden Klammer (vgl. 106, 107).

161 Wird ein Satz in wörtlicher Rede durch einen Einschaltsatz an einer Stelle unterbrochen, an der ein Semikolon steht, so verschiebt sich das Semikolon an das Ende des Einschaltsatzes (vgl. 138).

---

162 **I. DAS AUSRUFEZEICHEN NACH SÄTZEN**

1. **Ausrufesätze**

Nach Ausrufesätzen steht das Ausrufezeichen. Der Ausrufesatz erscheint als

a) **Aussagesatz** (oft mit einem Ausrufewort eingeleitet)
Aussagesätze mit Ausrufezeichen ergeben manchmal einen anderen Sinn als einfache Aussagesätze. Direkt hinter dem Ausrufewort folgt kein Ausrufezeichen, sondern nur ein Komma, sofern es nicht besonders betont ist.

Ausrufezeichen

In den deutschen Wäldern finden sich hauptsächlich Eichen, Buchen, Birken; Fichten, Kiefern; Niederholz und Farn. Schubert hatte in Wien einen großen Freundeskreis: die Dichter Mayerhofer und Grillparzer; die Musiker Hüttenbrenner und Lachner; den Maler Moritz von Schwind. 158

Am Sonntag spielen: Dinges; Nehm, Rompel; Wagner, Müller, Brehm; Meier, Schmidt, Schenk, Mahr, Henke. 159
(1. Gruppe: Torwart, 2. Gruppe: Verteidiger, 3. Gruppe: Läufer, 4. Gruppe: Stürmer)

Heute behandelten wir Thomas Manns Novelle „Der Tod in ***Venedig***"; morgen werden wir etwas anderes durchnehmen. Heute waren wir im Gebirge (den ganzen Tag ***über***); morgen müssen wir wieder arbeiten. 160

Ohne Einschaltsatz: 161
Mein Freund sagte: „Ich werde morgen wahrscheinlich ***vorbeikommen;*** aber versprechen kann ich es nicht."
Mit Einschaltsatz:
„Ich werde morgen wahrscheinlich ***vorbeikommen***", sagte mein ***Freund***; „aber versprechen kann ich es nicht."
(Verschiebung des Semikolons)

Wir haben es geschafft! 162
Da seid Ihr ja schon!
Oh, das kann übel ausgehen!
Du bist ein kluges Kind! (spöttisch gemeint)
Du bist ein kluges Kind. (ernsthaft gemeint)

163 b) **Fragesatz**

Durch ein Fragezeichen erhält derselbe Satz eine andere Sinnbedeutung.

164 c) **Gliedsatz** (vom Hauptsatz abgelöst und als Ausruf gebraucht)

Mit dem Hauptsatz zusammen würde der Gliedsatz als abhängiger Ausrufesatz mit einem Punkt abgeschlossen (vgl. 115).

---

165 2. **Aufforderungssätze**

Nach Aufforderungssätzen steht das Ausrufezeichen. Aufforderungssätze erscheinen als

a) **Wunschsatz**

Hierher gehören auch Wünsche, die statt in einem ganzen Satz nur in einem verkürzten Satz (Ellipse) ausgedrückt werden (besonders Grußworte und sonstige Höflichkeitsfloskeln. Vgl. 170, 177) und heute oft nur noch formelhaft gebraucht werden.

166 b) **Befehlssatz**

Hierher gehören auch Befehle, Bitten usw. in Kurzform (Ellipsen, Grundformen, Mittelwörter usw.).

167 Hinter Wunsch- und Befehlssätzen steht aber ein Punkt,
a) wenn sie abhängig sind (vgl. 115).
b) wenn sie ohne besonderen Nachdruck gesprochen werden (vgl. 137).

167a Hinter stark verkürzten Sätzen, die eine ganz kurze Mitteilung enthalten, steht das Ausrufezeichen.

Ausrufezeichen

Was fällt Dir ein? (Frage) 163
Was fällt Dir ein! (Tadel)

Wenn Du Dich nur bessern würdest! 164
Es wäre alles viel leichter, wenn Du Dich nur bessern würdest.

Hoffentlich kommt die Sendung noch heute! 165
Wäre doch diese Sache schon erledigt!
Guten Tag!
Herzlichen Glückwunsch!
Frohe Fahrt!

Fahren Sie bitte sofort in die Stadt! 166
Nehmen Sie doch Schlaftabletten!
Achtung!
Aufstehen!

Er will, daß die Sendung noch heute ankommt. 167
Er bat mich, in die Stadt zu fahren.
Vergleichen Sie diese Tabelle mit derjenigen vom Vorjahr.

Kein Kommentar! 167a
Vertraulich!
Kein Zutritt!

168 **II. DAS AUSRUFEZEICHEN NACH WÖRTERN UND SATZTEILEN**

1. Ausrufewörter (Interjektionen)

Hinter Ausrufewörtern steht das Ausrufezeichen.
Das Ausrufewort kann körperliche und seelische Empfindungen, Befehle, Lautnachahmungen usw. darstellen (vgl. 162).

169 **2. Als Ausrufewörter gebrauchte andere Wörter**

Werden Wörter oder Satzteile als Ausruf gebraucht, stehen sie mit Ausrufezeichen. Hierher gehören kurze Antworten und Rufe, Schimpfwörter usw.

---

170 **3. Verkürzte Sätze**

Kurze Ausdrücke des täglichen Lebens (Höflichkeitsfloskeln, Grußworte, Aufforderungen, Verbote, Warnungen usw.), die nicht als vollständige Sätze, sondern als verkürzte Sätze (Ellipsen) ausgedrückt werden, stehen mit Ausrufezeichen (vgl. 165).

171 Bei Schildern, Tafeln usw. mit Großbuchstaben kann das Ausrufezeichen entfallen.

171a Das Ausrufezeichen steht aber nach Aufforderungssätzen, die als Überschriften und Buchtitel erscheinen.

172 Folgen mehrere Ausrufe hintereinander, werden sie durch Komma getrennt. Das Ausrufezeichen steht im allgemeinen hinter dem letzten Wort.

173 Nur wenn jedes Ausrufewort einen Nachdruck erhalten soll, kann das Ausrufezeichen hinter **jedem** Wort stehen.

Ausrufezeichen

Au! Autsch! Juchhe! Hu! Ach! Hm! u. v. a. 168
Hallo! Pst! Hau-ruck! u. v. a.
Muh! Bums! Husch-husch! Bim-bam! u. v. a.

Nein! Tatsächlich! Ein toller Kerl! 169
Dummes Schaf! Idiot! Zum Teufel!

Verzeihung! (Ich bitte Sie um Verzeihung,) 170
Schönes Wochenende! (Ich wünsche Ihnen ein schönes Wochenende.)
Guten Tag! (Ich wünsche Ihnen einen guten Tag.)
Auf Wiedersehen! (Ich wünsche mir ein Wiedersehen.)
Halt! (Halten Sie bitte.)
Links! (Fahren Sie bitte links ab.)
Eintritt verboten! (Der Eintritt ist hier verboten.)
Jetzt nicht! (Es geht jetzt nicht.)
Vorsicht! (Hier ist Vorsicht geboten.)

RAUCHEN VERBOTEN 171

Die erste Goldmedaille! (Zeitungsschlagzeile) 171a
Weh dem, der lügt! (Lustspiel von Grillparzer)

Hallo, hallo! Hm, hm! Na, na! 172
Nein, nein! Halt, halt! So, so!
Mehr links, mehr links!

Nein! Nein! Ich kann jetzt nicht! 173

174 **4. Anrede**

a) Nach der hervorgehobenen Anrede bei Ansprachen, Hinweisen, Einladungen usw. steht das Ausrufezeichen.

Folgen mehrere Anreden hintereinander, kann hinter jeder Anrede (bei besonderer Betonung) ein Ausrufezeichen stehen; die Anreden können aber auch durch Komma getrennt werden (vgl. 172, 173).

175 b) Nach der Anrede im Brief steht das Ausrufezeichen.

Anstelle des Ausrufezeichens hinter der Briefanrede kann das Komma gesetzt werden (vgl. 101).

176 Kein Ausrufezeichen steht am Briefende nach „Hochachtungsvoll" – „Mit bester Empfehlung" – „Mit herzlichem Gruß" usw. Hierbei handelt es sich nämlich um brieflich verwendete Formeln, die in die Unterschrift übergehen.

177 Nach Grußworten, die auch im täglichen Leben (also nicht nur brieflich) verwendet werden, steht das Ausrufezeichen (vgl. 165).

III. DAS AUSRUFEZEICHEN IN VERBINDUNG MIT UND ANSTELLE VON ANDEREN SATZZEICHEN

1. **Komma** vgl. 102, 174, 175
2. **Punkt** vgl. 114, 137
3. **Fragezeichen** vgl. 102

178 **4. Gedankenstrich**

Das Ausrufezeichen steht bei einem eingeschobenen Satzteil oder Satz **vor** dem zweiten Gedankenstrich.

179 **5. Anführungszeichen** vgl. 211, 212, 222, 223

6. Klammern vgl. 139

Ein in Klammern gesetzter eingeschobener Satz oder Satzteil kann mit einem Ausrufezeichen abgeschlossen werden. Es steht dann **vor** der schließenden Klammer (vgl. 201).

Ausrufezeichen

Liebe Hausfrauen! 174
Sehr geehrter Herr Direktor! Liebe Schüler!
Sehr geehrter Herr Direktor, liebe Schüler!

Lieber Hans! Endlich komme ich ...	Lieber Hans, endlich komme ich ...	175

Hochachtungsvoll Eberhard Maurer	Mit bester Empfehlung LEHMANN & HECK	176

Mit freundlichem Gruß
Dein
Walter

Glück auf! Bergwerk Charlotte	Auf baldiges Wiedersehen! Dein Walter	177

Gestern vormittag – ich war wirklich ***erstaunt!*** – kam er doch noch vorbei. 178

Ich werde Sie morgen (darauf können Sie sich ***verlassen!***) aufsuchen. 179
Mein Freund (dieser ***Kerl***!) ist wieder nicht gekommen.

Fragezeichen

180 Ein in Klammern gesetztes Ausrufezeichen hinter einem Wort oder Satz weist auf eine Eigenart, einen Fehler oder ähnliches hin. Der Leser soll damit auf eine besondere Stelle aufmerksam gemacht werden (vgl. 197).

---

181 **I. DAS FRAGEZEICHEN NACH SÄTZEN**

Nach direkten Fragesätzen steht das Fragezeichen.

Die Fragesätze können als Entscheidungs- bzw. Wahlfragen, Ergänzungsfragen (immer mit einleitendem Fragewort) oder rhetorische Fragen (Fragen, bei denen eine Antwort meist unnötig ist) erscheinen.

181a Auch in Sätzen mit normaler Wortstellung, bei denen die Frage nur durch die Betonung zum Ausdruck kommt, steht ein Fragezeichen.

181b In Überschriften und Buchtiteln steht das Fragezeichen zur Kennzeichnung eines direkten Fragesatzes.

182 Das Fragezeichen steht ebenfalls nach als Frage auftretenden Gliedsätzen. (Die Hauptsätze kann man sich dazudenken.)

183 Das Fragezeichen steht ebenfalls nach verkürzten Fragesätzen.

---

184 **Kein Fragezeichen** steht

a) nach abhängigen (indirekten) Fragesätzen.

185 b) nach Fragesätzen, die als Ausruf gebraucht werden (vgl. 163).

186 c) nach Fragesätzen, die als Aufforderung gebraucht werden (vgl. 165, 166).

Fragezeichen

Er kam erst um 17 Uhr (!) an. 180
Er schrieb folgende Fehler:
„Sie pflückten Feilchen (!) auf der Wiese."
„Ich war ungern meine Hobby nachgegangen." (!)

Hast du Kleingeld einstecken? 181
Wollen wir ins Kino oder ins Theater gehen?
Wann fährt der nächste Zug?
Wieviel kostet das Buch?
Was sollen wir nur machen?
Wie lange soll das noch weitergehen?
Was sollen wir machen, wenn es nun aber nicht klappt?
Kannst du mir sagen, ob er sich bald erholen wird?

Du willst schon gehen? (Ich dachte, du bleibst noch.) 181a
Es regnet noch? (Ich hatte geglaubt, es habe schon aufgehört.)

Keine Chance für eine diplomatische Lösung? (Zeitungsüberschrift) 181b
Wo warst du, Adam? (Roman von Heinrich Böll)

Wenn es nun aber nicht klappt? 182
Ob er sich bald erholen wird?

Fertig? (Bist du fertig?) 183
Kostet? (Wieviel kostet das?)
Wirklich? (Ist es wirklich wahr?)

Der Beamte wird wissen, ***wann*** der nächste Zug fährt. 184
Wir fragen uns, ***wie*** lange das noch weitergehen soll.

Kannst du denn nie vernünftig werden! 185
Was hast du denn jetzt schon wieder angestellt!

Wollen Sie bitte hier Platz nehmen! 186
Können Sie nicht endlich ruhig sein!

Fragezeichen

187 **II. DAS FRAGEZEICHEN NACH WÖRTERN UND SATZTEILEN**

Das Fragezeichen steht nach einzelnen Fragewörtern (Interrogativpronomen, Interrogativadverbien) oder Fragewörtern, zu denen zusätzliche Wörter treten.

Diese einzelnen oder mit zusätzlichen Wörtern versehenen Fragewörter stehen stellvertretend für einen Fragesatz. (In den meisten Fällen erscheinen sie, um den Inhalt eines voranstehenden Aussagesatzes nicht zu wiederholen.)

188 Das Fragezeichen steht nach einzelnen Wörtern oder Satzteilen, die als verkürzte Frage gebraucht werden (vgl. 183).

189 Das einzelne Fragewort oder die verkürzte Frage kann als Glied eines Aussagesatzes auftreten und steht auch dann mit Fragezeichen.

---

190 **III. DAS FRAGEZEICHEN IN VERBINDUNG MIT UND ANSTELLE VON ANDEREN SATZZEICHEN**

1. Komma

Steht ein Fragewort vor oder hinter einem Fragesatz, der eigentlich kein Fragewort benötigt, so wird es durch Komma abgetrennt, wenn es nicht besonders herausgehoben werden soll.

191 Erst eine besondere Betonung des Fragewortes rechtfertigt eine Herausstellung durch Fragezeichen.

192 Sinngemäß gelten diese Regeln auch für eine Voranstellung eines anderen zusätzlichen Wortes oder Satzteiles vor einer Frage (vgl. 102).

193 Wird ein Fragewort oder eine verkürzte Frage einem Aussagesatz vorangestellt, der sich auf das Fragewort bzw. die verkürzte Frage bezieht, so steht hinter dem Fragewort ein Fragezeichen **und** ein Komma.

194 Mehrere Fragen werden durch Komma getrennt, wenn sie nicht besonders betont sind.

Fragezeichen

Er mußte seine Stellung aufgeben. – Warum? 187
Er war in Frankfurt. – Wann?
Warum denn das? Wo zum Beispiel?
Seit wann? Für wen überhaupt?

Er ist vorbestraft! – Tatsächlich? 188
Wir beliefern viele Länder. – Auch Japan?
Geben Sie mir eine Bratwurst! – Mit Senf oder ohne?

Dem Fragewort was? entspricht die Antwort das. 189
Besser:
Dem Fragewort „was?“ entspricht die Antwort „das“.

Wie, du hast es nicht gesehen? 190
Da staunst ***du, was?***

Wie? Du hast es nicht gesehen? 191
Da staunst ***du? Was?***
Auch: Da staunst ***du! Was?*** (Vgl. 102)

Nun, was meint ihr? ***Nun? Was*** meint ihr? 192
So, glaubst du das? ***So?*** Glaubst du das?

Wer?, das war die große Frage. 193
Was jetzt?, so überlegten wir angestrengt.
Aber:
Was jetzt? war unsere Überlegung. (Vgl. 189)

Werden Sie kommen, bringen Sie Ihre Frau mit? 194
Wann, wo, weshalb, unter welchen Umständen?
Lieben Sie Tiere, die Natur, das Wandern?

195 Bei besonderer Betonung können sie aber mit Fragezeichen stehen.

2. **Punkt** vgl. 137

195a 3. **Doppelpunkt**

Vor einer Aufzählung, Inhaltsangabe usw. kann anstelle des Doppelpunktes auch ein Fragezeichen stehen.

---

196 4. **Ausrufezeichen** vgl. 163, 125, 186

5. **Gedankenstrich** vgl. 178, 201

6. **Anführungszeichen** vgl. 211, 212, 222, 223

7. **Klammern** vgl. 139

Ein in Klammern gesetzter eingeschobener Satz oder Satzteil kann mit einem Fragezeichen abgeschlossen werden. Das Fragezeichen steht dann **vor** der schließenden Klammer (vgl. 201).

---

197 Ein in Klammern gesetztes Fragezeichen setzt man nach Wörtern oder Sätzen, die man bezweifelt (vgl. 180).

---

198 **I. DER GEDANKENSTRICH BEI SÄTZEN**

Der Gedankenstrich deutet eine längere Pause an und dient deshalb zu einer starken Trennung.

1. Zwischen Sätzen

Ein Satz wird durch Gedankenstrich von einem davorstehenden getrennt, wenn er einen neuen Gedanken bringt, ein anderes Thema beginnt u. ä.

199 Beim Wechselgespräch (wörtliche Rede) werden Rede und Gegenrede ebenfalls durch Gedankenstriche getrennt, wenn sie in einer Zeile hintereinander stehen.

Gedankenstrich

Werden Sie kommen? Bringen Sie Ihre Frau mit? 195
Wann? Wo? Weshalb? Unter welchen Umständen?
Lieben Sie Tiere? Die Natur? Das Wandern?

Was führt dieses Geschäft? 195a
Papier- und Schreibwaren
Büroartikel
Mal- und Zeichengeräte

Er hat uns schon im Vorjahr (kannst Du Dich erinnern?) angenehm überrascht. 196
Er wollte uns heute (stimmt das?) anrufen.

Es soll angeblich viertausend (?) Mark wert sein. 197
Er sagt, er habe schon in der Mailänder Scala gesungen. (?)

Nach langem Suchen fanden sie eine Übernachtungsmöglichkeit. – Am nächsten Morgen standen einige Besuche auf dem Programm. 198

Wir hörten folgende Unterhaltung: 199
„Wirst du morgen kommen?“ – „Ich kann es noch nicht genau sagen, aber ich denke, daß es klappt.“ – „Vergiß bitte nicht, vorher noch bei Max vorbeizugehen!“ . . .

200 **2. Nach Sätzen**

Nach einem Satz kann anstelle des Punktes (oder der Auslassungspunkte) ein Gedankenstrich stehen, wenn das im Satz Ausgesagte zum Nachdenken anregen soll.

200a Wird ein vollständiger Satz mit Hilfe von Gedankenstrichen in einen anderen Satz eingeschoben, dann steht nach dem eingeschobenen Satz kein Punkt.

---

201 **3. Innerhalb eines Satzes**

Eingeschobene Sätze können durch Gedankenstriche eingeschlossen werden. (Komma vgl. 5, Klammern vgl. 219.) Der eingeschobene Satz kann Aussagesatz (am Ende kein Punkt), Ausrufesatz (am Ende Ausrufezeichen) oder Fragesatz (am Ende Fragezeichen) sein (vgl. 179, 196).

Der Einschub kann auch Satzverbindung oder Satzgefüge sein (vgl. 103). (Das Anfangswort des eingeschobenen Satzes wird klein geschrieben.)

---

202 **II. DER GEDANKENSTRICH BEI WÖRTERN UND SATZTEILEN**

1. Heraushebung, Ankündigung

Soll ein Wort oder ein Satzteil (meist am Ende eines Satzes) besonders stark herausgehoben oder angekündigt werden, wird es durch den Gedankenstrich abgetrennt. Dadurch entsteht vor der Heraushebung eine Pause (vgl. 105).
Für schwächere Heraushebungen vgl. 86, 88 (Komma) und 145, 151 (Doppelpunkt).

202a Zur Kennzeichnung einer Pause, die Erwartung und Spannung gegenüber dem Folgenden erhöhen soll, steht der Gedankenstrich anstelle eines Verbs und gibt dem Satz schlagwortartigen Charakter.

202b Zwischen Ankündigungs- und Ausführungskommandos und zwischen den einzelnen Teilen des Kommandos steht ebenfalls der Gedankenstrich.

Gedankenstrich

Immer wieder grübelte er über seinem alten Problem – 200
Er fragte sich, welchen Nutzen seine Ideen bringen könnten –

Wir traten aus dem Wald, und ein wunderbares Bild – die Sonne kam eben durch die Wolken – breitete sich vor uns aus. 200a

---

Gestern vormittag – es mochte gegen 10 Uhr gewesen sein – besuchte mich mein Freund. 201
Gestern vormittag – wie groß war meine Freude! – besuchte mich mein Freund.
Gestern vormittag – sollte man es für möglich halten? – besuchte mich mein Freund.
Gestern vormittag – es war gegen 10 Uhr, ich hatte gerade gefrühstückt – besuchte mich mein Freund.
Gestern vormittag – ich war zu Hause geblieben, weil es stark regnete – besuchte mich mein Freund.

Schließlich trat etwas ein, womit niemand gerechnet hatte – Börsensturz. 202
Ich werde kommen – auf jeden Fall!
Auf eines mußt du immer Rücksicht nehmen – auf meine Gesundheit.

Paris – das Herz Frankreichs. 202a
China – eine Gefahr für die Welt?
Zwei Worte – ein Bier!

Rumpf vorwärts beugen – beugt! 202b
Auf die Plätze – fertig – los!

203 **2. Auslassung**

Der Gedankenstrich steht als Auslassungszeichen,
a) um eine Wiederholung zu ersparen.

204 b) um einen Gedanken oder ein Wort unausgesprochen zu lassen.

205 c) um eine Gegenüberstellung zweier Wörter bzw. Satzteile zu erreichen, die sonst innerhalb eines durchgehenden Satzes stehen.

---

206 **5. Trennung**

Der Gedankenstrich steht zwischen Wörtern oder Satzteilen als Trennungszeichen
a) bei Gegenüberstellungen von gegensätzlichen Wörtern und Begriffen, Unterscheidungen, Worterklärungen usw., dazu gehören auch kettenartig aneinandergereihte Stichwörter in Inhaltsangaben, die das Thema bezeichnen.

207 b) bei Einschüben (vgl. 201).

208 c) bei Reden, die durch Pausen unterbrochen sind.

III. DER GEDANKENSTRICH IN VERBINDUNG MIT UND ANSTELLE VON ANDEREN SATZZEICHEN

1. **Komma** vgl. 5, 103–105
2. **Punkt** vgl. 200
3. **Doppelpunkt** vgl. 150, 151, 202
4. **Ausrufe- und Fragezeichen** vgl. 178, 201
5. **Klammern** vgl. 201, 224

---

209 **I. DIE ANFÜHRUNGSZEICHEN BEI SÄTZEN**

1. Wörtliche Rede

Die wörtliche Rede wird mit Anführungszeichen eingeleitet und abgeschlossen. Das gilt auch bei der wörtlichen Wiedergabe von Gedanken.

Anführungszeichen

Wir teilen Ihnen unsere Preise mit: 203
Doppelzimmer ohne Frühstück: 20,50 DM; – mit Frühstück:
28,50 DM
Komme bald – aber mit ihm!

Wenn wir etwas Glück haben – 204
„Du bist ein – !“

weder – noch, teils – teils usw. 205
am Anfang – am Ende
heute hier – morgen da

---

arm – reich 206
Oper – Operette – Ballett – Sinfonie
war – wahr
Präsident – Vorsitzender
Inhalt: Rechnungsarten – Zinsrechnen – Rechenhilfen

Gestern vormittag – so ein Pech! – kamen wir zu spät. 207
Ich muß heute – jedenfalls vormittags – arbeiten.

„Mein – mein Buch habe ich – vergessen!“ 208

„Ich werde kommen.“ 209
Mein Freund sagte: „Ich werde kommen.“
Ich dachte im stillen: „So ein Pech!“

Anführungszeichen

209a Wenn ein angeführter Satz am Ende eines übergeordneten Satzes steht, enthält dieser keinen Schlußpunkt mehr.

---

210 Der Nachsatz hinter der wörtlichen Rede wird durch ein Komma abgetrennt, wenn es sich bei der wörtlichen Rede um einen Aussagesatz handelt.

211 Schließt die wörtliche Rede mit einem Ausrufe- oder Fragezeichen, wird der Nachsatz **nicht** durch Komma abgetrennt.

211a Wenn der Punkt zu dem angeführten Text gehört, steht er vor dem schließenden Anführungszeichen. Der angeführte Text (wörtl. Rede oder Zitat) kann einen oder mehrere Sätze in selbständiger Stellung enthalten.

212 Ein Komma steht erst dann, wenn die wörtliche Rede Teil eines Satzes ist, nach welchem den Regeln zufolge ein Komma stehen muß.

213 Bei Unterbrechungen einer wörtlichen Rede müssen vor und hinter der Unterbrechung einleitende bzw. schließende Anführungszeichen stehen.

Die Unterbrechung wird mit Kommas eingeschlossen. Wenn aber die wörtliche Rede ohne die Unterbrechung durch einen Punkt oder ein Semikolon zu trennen ist, dann rückt der Punkt oder das Semikolon hinter den Einschub (vgl. 138, 161).

Erstreckt sich die wörtliche Rede über einen oder mehrere Abschnitte, stehen die Anführungszeichen nur am Anfang und Ende der gesamten wörtlichen Rede und nicht eines jeden Abschnittes.

---

214 **2. Anführungen, Zitate**

Werden Sätze aus literarischen bzw. theoretischen Werken, Schriftstücken, Zeitschriften usw. angeführt, so werden sie mit Anführungszeichen eingeleitet und abgeschlossen.

Anführungszeichen

Mein Freund sagte: „Ich werde kommen.“ 209a
Ich dachte im stillen: „So ein Pech!“

„Ich werde kommen“, sagte mein Freund. 210
„So wird es nicht gehen“, dachte ich

„So ein Pech!“ dachte ich im stillen. 211
„Weshalb ist er nicht gekommen? “ fragte Hans.

„Mit großer Zuversicht wollen wir an die Arbeit gehen.“ 211a
Mit diesen Worten gab der Präsident das Startzeichen zum Baubeginn.

Weil er dauernd rief: „Kommen Sie doch näher!“, trat ich schließlich ein. 212
Er fragte mich: „Können Sie morgen kommen? “, und ich überlegte.

„Morgen früh“, sagte mein Freund, „werde ich kommen.“ 213
„Ich werde kommen“, sagte mein Freund, „wenn ich Zeit habe.“
„Ich werde morgen wahrscheinlich vorbeikommen“, sagte mein Freund. „Wir können uns dann ausführlich darüber unterhalten.“
„Ich werde morgen wahrscheinlich vorbeikommen“, sagte mein Freund; „aber versprechen kann ich es nicht.“

„Das Schauspiel dauerte sehr lange.“ (Goethe: „Wilhelm Meisters Lehrjahre“, erster Satz) 214
Wir zitieren aus dem „Hamburger Tageblatt“:
„Der Außenminister der Vereinigten Staaten erklärte am Dienstag, daß in den nächsten Tagen schwerwiegende Entscheidungen fallen würden.

Anführungszeichen

214a Wenn einem in Anführungszeichen stehenden Zitat eine eigene Quellenangabe oder Bemerkung hinzugefügt wird, steht der Punkt nicht innerhalb der Anführung, sondern nach dem in Klammern stehenden Zusatz.

---

215 **II. DIE ANFÜHRUNGSZEICHEN BEI WÖRTERN UND SATZTEILEN**

1. Heraushebung

a) Sollen einzelne Wörter bzw. Satzteile (auch Wortteile und Buchstaben) innerhalb eines Satzes besonders herausgehoben werden, dann können sie in Anführungszeichen eingeschlossen werden.

215a Die Anführungszeichen kennzeichnen ungewöhnlich verwendete Wörter oder Fügungen.

---

216 b) Werktitel, Überschriften, Zeitungstitel usw. werden durch Anführungszeichen herausgehoben.

217 Sehr bekannte Werktitel, die aus einem Wort bestehen oder mit einem Wort hinreichend bezeichnet sind, können ohne Anführungszeichen stehen.

---

218 c) Einzelne Textstellen, Wortzitate usw. werden durch Anführungszeichen herausgehoben.

Anführungszeichen

Mit Büchern ist es freilich eine eigene Sache: „Wenn ein Affe hineinsieht, so kann kein Apostel herausgucken" (Lichtenberg). 214a

---

Unter „Trio" versteht man die Vereinigung von drei Instrumenten, unter „Terzett" die Vereinigung von drei Gesangsstimmen. 215
Man muß „Sulfid", mit „id" geschrieben, unterscheiden von „Sulfit", mit „it" geschrieben.
Das Wort „Ferse" würde mit „V" als Anfangsbuchstaben ein anderes Wort ergeben.

Die zuverlässigsten Informationen über den Politiker erhielt das Ausland über dessen „treueste" Anhänger. 215a

---

Regers „Variationen und Fuge über ein Thema von Mozart" standen am Schluß des Programmes. 216
Wir mußten einen Aufsatz mit dem Thema „Mein Hobby" schreiben.
Wir zitieren aus „Haus und Garten": . . .

Viele bekannte Aussprüche finden sich in Goethes Faust. Die Uraufführung von Wagners Tristan fand 1865 in München statt. (Eigentlich: „Tristan und Isolde") 217

In der Zeitung konnte man lesen, daß mit einer Fortdauer der „Politik der gemäßigten Härte" zu rechnen sei. 218

Anführungszeichen

219 **Titel mit Artikel:**

Oft entfällt bei Anführungen der ursprünglich zum Titel gehörige Artikel.

Der Artikel kann **vor** die Anführung gezogen werden, wenn der Titel im Werfall (Nominativ) steht.

Es empfiehlt sich jedoch, den Artikel in die Anführung einzubeziehen.

Der Artikel kann nicht einbezogen werden, wenn der Titel im Wesfall (Genetiv) oder Wemfall (Dativ) erscheint.

Der Artikel kann einbezogen **oder** vorgezogen werden, wenn der Titel im Wenfall (Akkusativ) dem Titel im Werfall (Nominativ) gleicht.

Es empfiehlt sich jedoch, den Artikel immer einzubeziehen, zumal oft Sinnentstellungen vorkommen können.

Der Artikel kann nicht einbezogen werden, wenn sich der Wenfall (Akkusativ) vom Werfall (Nominativ) unterscheidet.

---

220 **2. Die halben Anführungszeichen**

Soll eine Anführung innerhalb einer wörtlichen Rede oder innerhalb einer anderen Anführung stehen, wird sie in halbe Anführungszeichen eingekleidet.

Anführungszeichen

Für den Samstag war Wagners „Fliegender Holländer" vorgesehen. 219
(Eigentlich: „Der fliegende Holländer")
Wir behandelten Meyers „Schuß von der Kanzel".
(Eigentlich: „Der Schuß von der Kanzel")

Heute wird der „Grüne Heinrich" besprochen.
Die „Meistersinger von Nürnberg" werden aufgeführt.
Als erste echt russische Oper gilt das „Leben für den Zaren".
Heute wird „Der Grüne Heinrich" besprochen.
„Die Meistersinger von Nürnberg" werden aufgeführt.
Als erste echt russische Oper gilt „Das Leben für den Zaren".

Man besprach den Aufbau des „Grünen Heinrich".
Die drei Aufzüge der „Meistersinger von Nürnberg" haben verschiedene Bühnenbilder.
In dem „Leben für den Zaren" befinden sich viele Volksszenen.
(Besser: In der Oper „Das Leben für den Zaren" befinden ...)

Wir hörten die „Meistersinger von Nürnberg". – Wir hörten „Die Meistersinger von Nürnberg".
Der Dirigent studiert das „Leben für den Zaren" ein. – Der Dirigent studiert „Das Leben für den Zaren" ein.
Schlecht: Wir behandelten die „Füße im Feuer".
Besser: Wir behandelten „Die Füße im Feuer".
Noch besser: Wir behandelten die Ballade „Die Füße im Feuer".

Der Professor empfahl den „Grünen Heinrich".
Falsch: Der Professor empfahl „Der grüne Heinrich".

Der Lehrer fragte: „Kannst du mir den Inhalt des ersten Aktes von Goethes ‚Egmont' erzählen? " 220

221 **3. Andere Hervorhebungen**

Anstelle der Anführungszeichen kann ein Wort, Satzteil u. ä. durch eine andere Schrift (kursiv, fett), Sperrung, Unterstreichung usw. hervorgehoben werden.

---

222 **III. DIE ANFÜHRUNGSZEICHEN IN VERBINDUNG MIT UND ANSTELLE VON ANDEREN SATZZEICHEN**

1. Komma und Semikolon vgl. 106, 160, 161, 210–212

2. Punkt, Ausrufezeichen, Fragezeichen

Punkt, Ausrufe- und Fragezeichen stehen bei der wörtlichen Rede **vor** dem schließenden Anführungszeichen.

Schließt ein Satz mit einer Anführung, die am Schluß kein Satzzeichen aufweist, so stehen Punkt, Ausrufe- und Fragezeichen **hinter** dem schließenden Anführungszeichen.

Sinngemäß stehen Punkt, Ausrufe- oder Fragezeichen **hinter** dem halben und **vor** dem normalen Anführungszeichen, wenn eine solche Anführung am Ende einer wörtlichen Rede steht.

---

223 Schließt ein Satz mit einer Anführung, die selbst einen Punkt (auch Abkürzungspunkt, vgl. 127), ein Ausrufe- oder Fragezeichen am Schluß aufweist, so steht nach dem schließenden Anführungszeichen noch ein Ausrufe- oder Fragezeichen (wenn es der Satz verlangt), nie aber ein Punkt.

Vgl. auch 127, 138, 211, 212

---

224 **I. DIE KLAMMERN BEI SÄTZEN**

Ein eingeschobener Satz kann statt in Kommas (vgl. 5) oder Gedankenstriche (vgl. 201) in Klammern gesetzt werden, besonders wenn der Einschub als Zusatz ohne besonderen Nachdruck gedacht ist.

Klammern

Das Wort *gegen* kann in verschiedener Bedeutung gebraucht werden. 221
Das Wort **gegen** kann in verschiedener Bedeutung gebraucht werden.
Das Wort g e g e n kann in verschiedener Bedeutung gebraucht werden.

„Ich werde morgen kommen.“ 222
„Kommen Sie doch bitte morgen!“
„Können Sie morgen kommen? “

Wir lernten Meyers Ballade „Die Füße im Feuer“.
Lerne Meyers Ballade „Die Füße im Feuer“!
Lernst du Meyers Ballade „Die Füße im Feuer“?

Er schrieb: „Wir lernten Meyers Ballade ‚Die Füße im Feuer‘.“
Er sagte: „Lerne Meyers Ballade ‚Die Füße im Feuer‘!“
Er fragte: „Lernst du Meyers Ballade ‚Die Füße im Feuer‘? “

Wiederhole doch nicht dauernd dieses „So geht es nicht.“! 223
Warum wiederholst du dauernd dieses „So geht es nicht.“?
Er wiederholte dauernd den Satz „So geht es nicht.“ (***Falsch***: . . . nicht.“.)

Grüße immer höflich mit „Guten Tag!“!
Warum sagst du nicht „Guten Tag!“?
Er grüßte höflich mit „Guten Tag!“ (***Falsch***: . . . Tag!“.)

Laß doch dieses „Wann, wann? “!
Weshalb sagst du immer wieder dieses „Wann, wann? “?
Er sagte dauernd die Worte „Wann, wann? “ (***Falsch***: . . ., wann? “.)

Wir werden am Sonntag (das ist ein für unser Vorhaben geeigneter Tag) eine Wanderung unternehmen. 224

Klammern

225 Ein Zusatz innerhalb einer wörtlichen Rede, der nicht zu dieser gehört, wird mit **eckigen Klammern** eingeschlossen.

226 Ein als erklärender Zusatz gedachter Satz wird in Klammern gesetzt. Wenn der Punkt (das Ausrufezeichen usw.) zum eingeklammerten Text gehört, wird er vor die schließende Klammer gesetzt.

---

227 **II. DIE KLAMMERN BEI WÖRTERN UND SATZTEILEN**

Erklärende Zusätze von Wörtern oder Satzteilen werden in Klammern eingeschlossen. Der Zusatz kann innerhalb oder am Ende des Satzes stehen, als Erklärung bei Formularen, Tabellen usw. auftreten.

228 Steht ein erklärender Zusatz innerhalb eines anderen, wird er in **eckige Klammern** eingeschlossen.

229 Innerhalb eines Wortes schließen **eckige Klammern** Buchstaben oder Silben ein, die wegfallen können.

III. DIE KLAMMERN IN VERBINDUNG MIT UND ANSTELLE VON ANDEREN SATZZEICHEN

1. **Komma** vgl. 5, 107
2. **Semikolon** vgl. 107, 160
3. **Punkt** vgl. 139
4. **Doppelpunkt** vgl. 150
5. **Ausrufe- und Fragezeichen** vgl. 179, 180, 196, 197
6. **Gedankenstrich** vgl. 5, 201, 224

Klammern

„Wir werden am morgigen Vormittag [diese eigenartige Ausdrucksweise waren wir von unserem Chef gewohnt] die Lohnsteuerliste völlig durchsehen müssen.“ 225

Der Vertreter kam bereits zum zweiten Mal. (Er hatte schon gestern vorgesprochen.) 226

Ich komme am Wochenende (Samstag) nach Hause. 227
Ich werde morgen früh (vielleicht auch erst am Mittag) vorbeikommen.
Zur Aufführung gelangte ein Frühwerk Beethovens (entstanden 1786).
Hier ist Parken verboten (Parkverbotsschild), hier darf man nicht halten (Halteverbotsschild).

....	....	....
(Name)	(Wohnung)	(Geburtsdatum)

Dieses Gedicht (ein Frühwerk Goethes [1749–1832]) hat mir gut gefallen. 228
Dieser Hund (es war ein Spaniel [Jagdhund]) wurde mit einem Preis ausgezeichnet.

Ausruf[e]zeichen, des Ruf[e]s, 229
110 = hundert[und]zehn, aber: 73 = dreiundsiebzig
Arznei[mittel]lehre

Stichwortregister

Als Stichwörter sind vor allem Bindewörter, daneben Umstandswörter, Verhältniswörter, Fürwörter und Artikel verwendet worden, weil Fügungen mit diesen Wortarten die meisten Fehlerquellen enthalten. Die wichtigsten Wörter (und, als usw.) sind besonders herausgezogen worden. Wörter mit geringeren Fehlerquellen sind nur mit ihrer Gattungsbezeichnung im Stichwortregister enthalten. Es handelt sich hierbei um folgende Wortarten:

Eigenschaftswörter (Adjektive), z. B.: schön, schöner, am schönsten usw.
Hauptwörter (Substantive), z. B.: Meister, Haus, Freude usw.
Zahlwörter (Numerale), z. B.: zehn, dreißig usw.
Zeitwörter (Verben), z. B.: trinken, schlafen, fahren usw.

Wegen ihres Schwierigkeitsgrades wurden – ohne Rücksicht auf das Stichwort – in besonderen Beispielsätzen zusammengestellt:

Namen, Adressen, Datum, Seite 62–63
Wohnungsangaben, Seite 104–105

Der Pfeil verweist auf das Leitstichwort, dahinter steht die Seitenzahl.